BIBLIOTHÈQUE DE L'OUVRIER, DU FABRICANT
ET DE L'ARTISTE.

NOUVEAU MANUEL

DU

CUISINIER.

NOUVEAU MANUEL

DU

CUISINIER,

contenant

LES RECETTES LES PLUS MODERNES POUR FAIRE A PEU DE FRAIS UNE CUISINE CONFORTABLE;

ouvrage

ENTIÈREMENT NEUF, RÉDIGÉ D'APRÈS LES OBSERVATIONS DES PLUS CÉLÈBRES HOMMES DE BOUCHE DU DIX-NEUVIÈME SIÈCLE;

PAR CHEVRIER,

Auteur du Cuisinier national et universel.

DEUXIÈME ÉDITION,

REVUE ET AUGMENTÉE PAR L'AUTEUR.

PARIS,

AU DÉPOT DES NOUVEAUX MANUELS,
rue de la Harpe, 26.

LIMOGES,

CHEZ MARTIAL ARDANT FRÈRES.

1838.

Cuisinier

AVIS.

Nous renvoyons, pour tout ce qui concerne la Charcuterie, la Pâtisserie et l'Office, aux nouveaux *Manuels du Charcutier, du Pâtissier, du Confiseur et du Distillateur.* Chacun de nos Manuels étant rédigé par un homme ayant fait une étude spéciale de la matière, ces Ouvrages sont les plus complets qui existent, et il serait impossible d'en faire un abrégé sans désavantage pour leurs auteurs.

NOUVEAU MANUEL

DU

CUISINIER.

CHAPITRE Ier.

DU BOUILLON, DES AUTRES POTAGES AU GRAS ET AU MAIGRE, ET DES GARBURES.

Bouillon gras.

Comme le bouillon sert non-seulement à faire la plus grande partie des potages, mais encore à préparer une infinité de sauces, et qu'il constitue l'un des premiers élémens de l'art de la cuisine, on ne peut assez veiller à le confectionner de bonne qualité. Pour cela, on choisit un bon morceau de viande fraîche. La meilleure, sans contredit, est celle du bœuf dont les parties les plus succulentes sont : la culotte, la pièce d'aloyau, la poitrine, la noix et la sous-noix ; les pièces les plus présentables, la culotte et l'aloyau.

Faites couper carrément votre morceau de bœuf, ficelez-le et mettez-le dans une marmite, dans laquelle vous versez autant de pintes d'eau froide que vous avez de livres de viande. Posez la marmite sur un feu doux et toujours égal, faites-la chauffer lentement, pendant une heure à peu près : enlevez l'écume à mesure qu'elle se présente à la surface. Lorsque la marmite commence à bouillir, salez et mettez les légumes que vous avez préparés à cet effet, tels que carottes, panais, navets, poireaux, oignons brûlés, céléri, un ou deux clous de girofle ; puis faites bouillir doucement jusqu'à ce que la viande soit cuite.

Pour que le pot-au-feu soit à son point, il faut qu'il y ait bouillotté pendant près de six heures. Passez ensuite le bouillon dans un tamis ou une serviette, et le laissez reposer pour vous en servir au besoin.

Pour le conserver pendant deux ou trois jours, surtout pendant l'été, il suffit de le faire bouillir soir et matin, après avoir eu la précaution de le saler fort peu d'abord.

Bouillon maigre.

On peut faire au maigre presque tous les potages qui se font au gras ; il suffit d'employer, au lieu de bouillon gras, un bouillon qui se prépare de la manière suivante :

On coupe par tranches une égale quantité de carottes, navets et oignons ; un chou, un panais, un peu de céléri, et l'on met le tout dans une marmite avec un bouquet de persil, un fort morceau de beurre, une quantité suffisante d'eau : après avoir fait bouillir cette préparation jusqu'à ce qu'il n'y ait plus d'eau, on ajoute à ce qui précède du poivre et du sel, un oignon dans lequel est piqué un clou de girofle, quelques poignées de pois et de haricots ; on remplit la marmite d'eau, et l'on fait bouillir de nouveau jusqu'à ce que ces derniers ingrédien ; soient cuits. Alors, on passe le bouillon au tamis.

Chapon au riz.

Troussez un chapon, les pattes en dedans ; après l'avoir flambé et bridé, vous le mettrez dans du bouillon avec une demi-livre de riz bien lavé, oignons, carottes, clou de girofle. Donnez au moins deux heures de cuisson ; puis débridez le chapon, creusez-le dans une soupière ; ajoutez un peu de gros poivre au riz, versez-le sur le chapon et servez.

Consommé.

Mettez dans une marmite deux livres de bœuf, une poule, la moitié d'un casi et la moitié d'un jarret de veau ; remplissez cette marmite avec de bon bouillon nouvellement fait, et opérez du reste, comme pour faire de simple bouillon, en ayant soin de ne pas mettre de sel. On fait aussi du consommé en se bornant à faire réduire du bouillon.

GARBURES.

Garbure à la béarnaise.

Faites blanchir des choux et des laitues en égale quantité ; mettez-les entre des bandes de lard, dans une brasière ou une casserole avec un saucisson cru, des tranches de jambon, des cuisses d'oies marinées, carottes, oignons, navets, girofle, bouquet garni. Mouillez avec du bouillon, et faites bouillir jusqu'à ce que les viandes soient cuites ; dressez en couronne sur un plat creux, les laitues, les choux et le lard, le tout entre-mêlé de morceaux de mie de pain de seigle; versez au milieu une purée de pois que vous aurez préparée à l'avance, mettez les cuisses d'oie sur cette purée, et garnissez les bords du plat avec le saucisson que vous aurez coupé par tranches; faites gratiner le tout sur un feu peu ardent, et servez en même temps que ce plat le bouillon dans lequel les choux, laitues, etc., auront cuit, et que vous aurez dégraissé et clarifié au blanc d'œuf.

Garbure à la Chantilly.

Mettez dans une marmite de moyenne grandeur, deux livres de bœuf, un jarret de veau, deux perdrix ou deux pigeons; mouillez le tout avec du bouillon, faites écumer; ajoutez des racines comme pour le pot-au-feu, et faites bouillir pendant au moins quatre heures. Faites cuire à part, dans du bouillon, des oignons, des poireaux, des navets et des carottes. Le tout étant cuit, dressez les viandes, garnissez-les avec des légumes, et servez en même temps, dans un vase à part, le bouillon dans lequel les viandes auront cuit et que vous aurez dégraissé.

Garbure aux choux.

Après avoir fait blanchir des choux, faites-les cuire dans de bon bouillon, puis dressez-les sur un plat creux, en mettant successivement un lit de choux et un lit de tranches de pain; mouillez le tout avec le bouillon dans lequel les choux auront cuit, et faites-le gratiner sur un feu doux. Servez ensuite avec du bouillon dans un vase à part.

Garbure au fromage.

Faites blanchir des choux, puis faites-les cuire dans du bouillon avec du bœuf, du jambon, une ou deux perdrix et autant de pigeons. Dressez ensuite les choux par lits en mettant successivement un lit de choux, un lit de fromage coupé par tranches; arrosez le tout avec un peu de bouillon, faites gratiner, et servez comme ci-dessus.

Garbure au giromon.

Le giromon étant convenablement épluché, il faut le couper par tranches bien minces, le faire blanchir et égoutter. On fait ensuite une panade dont on verse une partie sur un plat creux; on dresse sur cette panade les tranches de giromon qu'on entre-mêle de tranches de pain de seigle : cela doit former une espèce de couronne, au milieu de laquelle on verse le reste de la panade. Après avoir fait gratiner cette préparation sur un feu ardent, on l'arrose avec du beurre fondu, et l'on sert en même temps, et à part, du lait bouillant.

Garbure à la grimod.

Troussez un chapon, les pattes en dedans, et mettez-le dans une marmite avec un morceau de bœuf et deux pigeons; remplissez la marmite avec du bouillon, et opérez du reste comme s'il s'agissait de faire de simple bouillon. Dressez le chapon quand il sera cuit, placez les pigeons de chaque côté, et entourez ces trois pièces avec des laitues que vous aurez fait cuire à part dans le bouillon. Passez et dé-graissez le bouillon dans lequel vous aurez fait cuire votre chapon et servez-le en même temps dans un vase à part.

Garbure aux laitues.

Voyez plus haut l'article *Garbure aux choux*, et opérez de la même manière en substituant les laitues aux choux.

Garbure aux marrons.

Après avoir enlevé la première peau d'une certaine quantité de marrons, il faut les met-tre dans un poêle avec un peu de beurre, et mettre cette poêle sur le feu jusqu'à ce que la seconde peau s'enlève facilement. On ôte cette peau, puis on met les marrons dans une casse-role avec des bandes de lard, des parures et des débris de viande, des oignons, des carot-tes, céléri, laurier, girofle. On mouille le tout avec du bouillon et on le fait cuire sur un feu doux pendant une heure. Il faut ensuite écra-ser les marrons à moitié, et les dresser dans un plat creux, en faisant successivement un lit de marrons et un lit de pain; on mouille le tout avec le bouillon dans lequel les marrons ont cuit, puis on le fait gratiner sur un feu doux, et on le sert avec du bouillon dans un vase à part.

Garbure aux oignons.

Coupez des oignons par tranches et faites-les revenir dans du beurre jusqu'à ce qu'ils soient blonds; arrangez-les ensuite dans un plat creux en mettant successivement un lit d'oignons et un lit de tranches de pain;

mouillez le tout avec un peu de bouillon ; faites gratiner sur un feu doux, et servez le plat en même temps que du bouillon dans un vase à part.

Garbure au potiron.

Le potiron s'emploie en garbure de la même manière que le giromon. (*Voir* ci-dessus.)

Garbure à la Villeroi.

Coupez en petits morceaux carrés des navets, des carottes, des oignons, du céléri, des poireaux ; faites revenir cela dans le beurre, et lorsque ces légumes auront pris une belle couleur blonde, vous y ajouterez des laitues et du cerfeuil que vous aurez hachés. Mêlez bien le tout, et mouillez de temps en temps avec de bon bouillon. Le tout étant bien cuit, dressez les légumes en mettant successivement un lit de légumes et un lit de tranches de pain fort minces auxquels vous ajouterez un peu de gros poivre. Mouillez avec du bouillon, faites gratiner et servez comme il est dit pour les autres garbures.

LAIT DE POULE.

Mettez dans un vase des jaunes d'œufs et du sucre en poudre, délayez le tout avec de l'eau bouillante, ajoutez-y un peu d'eau de fleur d'oranger et servez.

PANADE.

Après avoir fait bouillir du pain mollet dans de l'eau, du sel et du poivre très-frais, on ôte du feu cette préparation, on y ajoute une

liaison de jaunes d'œufs et l'on sert ce potage
immédiatement.

POTAGES GRAS.

Potage au chasseur.

Coupez un lapin par morceaux et mettez-le
dans une marmite avec du lard, un chou, des
oignons et des carottes, un bouquet garni, du
sel et du poivre, et agissez, du reste, comme
pour faire de simple bouillon.

Potage aux choux.

Faites blanchir une demi-heure, dans l'eau
bouillante, une moitié de chou; puis vous le
rafraîchirez, vous l'égoutterez, et vous le ficellerez; mettez-le alors dans une marmite
avec un morceau de petit lard coupé en tranches tenant à la couenne, que vous ficellerez
également. Baignez le tout de bouillon. Les
choux et le lard cuits, vous les retirerez du
bouillon. Vous jetterez dans le bouillon des
croûtes, que vous laisserez tremper quelques
instans. Vous placerez les choux et le lard autour du potage, ou simplement dessus. Salez
peu le bouillon, à cause du lard.

On peut aussi ajouter du fromage au potage
aux choux ; alors on procède ainsi : le chou
étant cuit, comme il est dit à l'article précédent, on met un morcean de beurre dans une
casserole : sur ce beurre on fait un lit de pain
que l'on saupoudre de fromage de Gruyère,
et l'on fait ainsi successivement plusieurs lits
de beurre, de pain, de fromage et de chou ;
on arrose ensuite le tout avec du bouillon,

puis on met la casserole sur un feu doux, et l'on fait mijoter le tout pendant vingt minutes, on verse ensuite le contenu de la casserole dans une soupière; on y ajoute la quantité de bouillon nécessaire, et l'on sert.

Potage aux concombres.

Après les avoir coupés promptement, mettez-les cuire dans du bouillon que vous colorerez avec du jus de veau : quand vous les jugerez cuits, vous les ôterez du bouillon, que vous laisserez encore mijoter quelques instans, en y ajoutant un peu de nouveau bouillon. Assurez-vous si votre potage est de bon sel, et garnissez-le de vos concombres.

Potage aux croûtons.

Taillez des morceaux de mie de pain, ou en dés, ou en losange, ou en rond, ou en telle autre forme que vous le jugerez à propos, mais en ayant soin qu'ils soient tous d'une épaisseur égale; mettez ces croûtons dans une casserole avec un morceau de beurre, et faites frire, jusqu'à ce qu'ils aient une couleur rousse plus ou moins foncée; placez-les ensuite dans une soupière, après les avoir égouttés, et, au moment de servir, versez par dessus une purée claire, faite avec des haricots, ou lentilles, ou pois, ou tout autre légume, et dans laquelle vous aurez mêlé un peu de sucre en poudre. On peut également préparer ce potage au maigre et le faire avec des pâtes, ou bien des croûtes.

Potage à la fécule de pommes de terre.

Après avoir délayé de la fécule de pommes
de terre avec un peu de bouillon froid ou tiède,
il faut la verser dans du bouillon bouillant,
en ayant soin de le remuer continuellement
d'une main pendant que l'on verse de l'autre.
Après dix minutes d'ébullition, le potage est
fait. La quantité de fécule nécessaire est d'environ une once pour une personne.

Potage aux herbes.

Prenez oseille, laitue, cerfeuil, pourpier,
un peu de céléri coupé en filets ; épluchez et
lavez bien ces herbes ; ajoutez-y une carotte
et un panais coupés en petits filets : mettez
cuire le tout avec du bouillon et un peu de jus
de veau; servez ensuite vos herbes au naturel,
dans le potage.

Potage aux huîtres.

Ouvrez et lavez des huîtres bien fraîches ;
jetez-les dans un mortier, mettez-les dans
du bouillon, et faites cuire le tout sur un feu
très-doux pendant vingt minutes; passez ce
bouillon au tamis, et versez-le sur des croûtes préparées comme pour le potage au naturel.

Potage à la julienne.

Coupez par petits filets des navets, carottes, quelques oignons et poireaux, un peu de
céléri, de la laitue, de l'oseille, du cerfeuil;
faites d'abord revenir les racines, puis vous y
ajouterez les herbes, et vous mouillerez le

tout avec du bouillon ; faites bouillir le tout jusqu'à ce que la cuisson soit parfaite, et versez-le sur des croûtes de pain que vous aurez préparées dans une soupière. On peut aussi servir la julienne sans pain, et ajouter aux légumes dont nous avons parlé des pointes d'asperges, des culs d'artichauts et toute autre espèce de légumes.

Potage au macaroni.

Brisez une certaine quantité de macaroni, jetez-le dans du bouillon ; lorsqu'il sera cuit, vous y ajouterez un peu de fromage de Parme râpé, le fromage étant bien fondu, vous verserez le potage dans la soupière.

On peut aussi servir le fromage râpé à part ; alors il faut servir le potage bouillant afin que les convives qui aiment le fromage puissent le faire fondre.

Potage au naturel.

Mettez dans une soupière une certaine quantité de croûtes de pain bien taillées et d'une couleur agréable ; trempez-les avec un peu de bouillon bouillant, puis, quelques instans après, ajoutez-y la quantité de bouillon nécessaire pour que le pain baigne aisément, et servez.

Potage aux nouilles.

Les nouilles sont une espèce de pâte que l'on doit employer aussitôt qu'elle est préparée. Dans un litre de farine, cassez une douzaine d'œufs, et faites avec cela, en y ajoutant du sel, du poivre et de l'eau, une pâte ferme.

Etendez cette pâte avec un rouleau, et lorsque vous l'aurez réduite à l'épaisseur d'une ligne, vous la couperez par filets ou par morceaux auxquels vous donnerez la forme qui vous conviendra; jetez un peu de farine dessus, et jetez-les dans le bouillon bouillant

Potage aux œufs.

Mettez dans un vase deux cuillerées de farine, un peu de macis, une douzaine d'œufs, et délayez bien le tout avec du bouillon. D'autre part, faites bouillir du bouillon, et jetez votre mélange dedans. Lorsque le tout aura bouilli pendant une demi-heure, vous le verserez sur des croûtons que vous aurez préparés comme pour le potage aux croûtons. (*Voir plus haut.*)

On peut aussi, avant de jeter ce mélange dans le bouillon, le faire chauffer au bain-marie jusqu'à ce qu'il soit coagulé.

Potage printanier.

Prenez un litron de pois nouveaux, du cerfeuil, du pourpier, de la laitue, de l'oseille, trois ou quatre oignons, une pincée de persil, un morceau de beurre : faites bouillir le tout, et passez-le en purée claire : mettez mitonner le potage avec les trois quarts du bouillon, délayez dans l'autre quart six jaunes d'œufs, faites-les lier sur le feu, et versez votre liaison dans le potage au moment de servir.

Potage à la purée de gibier.

Mettez dans une marmitte un fort morceau

de bœuf, un faisan et deux ou trois perdrix,
remplissez la marmite avec de bon bouillon et
opérez comme pour faire de simple bouillon.
D'autre part, pilez plusieurs perdreaux rôtis
et refroidis, passez cette purée de perdreaux
à l'étamine en la mouillant avec le bouillon ou
plutôt le consommé que vous aurez fait comme
nous venons de le dire, puis faites-la chauffer
sans cependant la faire bouillir, et versez-la
sur des croûtons que vous aurez préparés
comme il est dit à l'article *Potage aux croûtons.*

Potage à la purée de marrons.

Ayez, selon la grandeur de votre potage,
cinquante ou cent marrons; ôtez-leur la première écorce, puis mettez-les dans de l'eau;
laissez-les sur le feu jusqu'à ce que l'eau fré-
misse; retirez-en pour voir si la peau se lève;
après les avoir épluchés de manière qu'il ne
reste pas du tout de seconde peau, vous en
garderez vingt-quatre entiers, et vous pilerez
le reste : pilez-les dans un mortier, à l'exception de quelques-uns que vous réservez entiers,
et que vous maintenez chauds, pour les ajouter en servant le potage. Pilez avec les marrons épluchés un morceau de mie de pain mollet trempé dans du bouillon; après avoir broyé
le tout, versez-y du bouillon tiède; mêlez
bien le tout, et passez au tamis; mettez votre
potage sur le feu, assaisonnez de sel, et faites cuire; prenez garde qu'il ne prenne trop
de consistance et versez des croûtons frits
et les marrons que vous avez réservés

Ce potage se sert de même au bouillon maigre.

Potage à la purée d'oseille.

Mettez dans une marmite une égale quantité d'oseille et de laitue, et faites-les fondre ; d'autre part, faites cuire des pois verts, mêlez ensuite le tout ensemble, et faites une purée en le passant à l'étamine. Après avoir mis dans cette purée assez de consommé pour qu'elle ne soit ni trop claire ni trop épaisse, vous y joindrez des pointes d'asperges si c'est la saison, et vous ferez bouillir le potage jusqu'à ce que les asperges soient cuites ; ajoutez-y ensuite un peu de beurre et versez-le dans une soupière où vous aurez mis d'abord des croûtons bien jaunes, taillés en petits dés.

Potage aux quenelles de pommes de terre.

Faites cuire à la vapeur une certaine quantité de pommes de terre, épluchez-les et pilez-les ; pilez, d'autre part, des blancs de volailles cuites à la broche, mettez le tout ensemble et le pilez de nouveau en y ajoutant des jaunes d'œufs, du beurre frais, poivre, sel et muscade. Lorsque tous ces ingrédiens seront bien mélangés et formeront une pâte assez ferme, vous en ferez des boulettes que vous jetterez dans du bouillon bouillant ; faites bouillir pendant un quart-d'heure, et servez.

Les pommes de terre violettes sont les meilleures que l'on puisse employer pour faire ce potage.

Potage au riz.

Pour quatre personnes, prenez un quarteron de riz épluché. Lavez-le à l'eau tiède, d'abord en le frottant légèrement avec les mains, ensuite à l'eau fraîche et à plusieurs reprises. Après l'avoir laissé égoutter sur le tamis, faites-le cuire avec de bon bouillon sur un feu modéré, en le remuant de temps en temps; mettez-y peu de sel, à cause du bouillon, qui est déjà salé; donnez à votre potage une teinte légère avec du jus de veau, ou du caramel, et servez.

Potage à la semoule.

Faites bouillir la quantité de bouillon pour le potage que vous voulez faire; mettez-y ensuite de la semoule, et ayez soin de la répandre successivement, en remuant avec une cuiller, pour éviter qu'elle ne s'attache et ne forme des boulettes. Au bout d'une demi-heure elle est cuite, ainsi que les deux précédens. Ce potage ne doit pas être trop épais, et se colore avec une cuillerée de jus, ou de caramel.

Potage aux tomates.

Mettez dans une casserole des tomates dont vous aurez extrait le jus et les pépins; ajoutez-y des tranches de jambon bien minces et bien maigres, quelques oignons, un bouquet garni, du sel et du poivre, un morceau de beurre et quelques croûtes de pain; faites cuire le tout sur un feu bien doux; puis passez cette préparation à l'étamine en la foulant avec une cuiller de bois ; ajoutez à cette purée une certaine quantité de consommé et du riz que vous aurez également fait cuire dans du consommé.

Potage au vermicelle.

Séparez le vermicelle, sans l'écraser, pour le mettre dans du bouillon tout bouillant ; remuez, à mesure que vous le servez. Lorsqu'il aura jeté quelques bouillons, achevez de faire cuire à petit feu, et remuez toujours, pour éviter qu'il ne s'attache. Cuit à un point et de bon sel, servez.

POTAGES MAIGRES.

Potage au céléri.

Faites blanchir, rafraîchir et ajouter des pieds de céléri coupés en petits dés, faites-les cuire ensuite dans du bouillon maigre avec un peu de sucre, faites-les égoutter de nouveau, mettez-les dans une soupière et versez dessus une purée de légumes ou de racines.

Potage à la chicorée.

Coupez des chicorées, ôtez les côtes, et opérez en tout comme pour le potage aux choux.

Potage aux choux.

Il faut couper le chou, ou extraire les grosses côtes et le faire revenir dans du beurre. Lorsque le chou est bien jaune, on verse dessus une quantité d'eau suffisante, et l'on opère du reste comme pour le potage à l'oignon.

Potage aux choux-fleurs.

On fait d'abord cuire les choux-fleurs dans de l'eau bien salée, puis on les met égoutter dans une passoire. Il faut ensuite avoir de la sauce béchamel (*Voir cette sauce au chapitre suivant*), la délayer avec des jaunes d'œufs, et y ajouter du sel, du poivre, un peu de muscade, et un peu de beurre fin. Le tout étant ainsi préparé, on met les choux-fleurs dans cette sauce, et l'on en fait une espèce de pâte que l'on fait frire ensuite par morceaux deux fois gros comme le pouce. On fait ensuite chauffer du bouillon maigre dans lequel on met ces choux-fleurs frits, et l'on sert, en même temps que ce potage, du fromage de Parme ou de Gruyères, râpé très-fin.

Potage aux concombres.

Les concombres étant convenablement épluchés, on les coupe en petits morceaux, et on les met dans un vase avec du sel, afin de leur faire jeter leur eau. Il faut ensuite les faire revenir dans du beurre, y joindre du cerfeuil et de l'oseille, et mouiller le tout avec du bouillon maigre. Le tout ayant bouilli pendant une demi-heure, on l'ôte du feu, on y ajoute une liaison de jaunes d'œufs et on le verse sur des croûtons sautés au beurre.

Potage aux herbes.

Il faut couper ensemble des laitues, de l'oseille et du cerfeuil, les faire revenir dans le beurre, puis les faire fondre en les mouillant de temps en temps avec de l'eau. Lorsque ces herbes sont bien fondues, on y met la quantité d'eau nécessaire, du poivre et du sel. Le tout doit bouillir pendant un quart-d'heure, après quoi on met dans le potage une liaison de jaunes d'œufs, et on le verse sur le pain que l'on a préparé.

Potage aux huîtres.

Ouvrez des huîtres, faites-les cuire dans leur eau; d'autre part, faites cuire dans du beurre des oignons coupés par tranches; quand ils seront de belle couleur, vous jetterez dessus un peu de farine et vous les mouillerez avec l'eau des huîtres, puis vous lierez ce bouillon avec des jaunes d'œufs, vous mettrez les huîtres dedans, et vous verserez le tout sur des croûtons sautés au beurre.

Potage au lait.

Faites bouillir du lait, liez-le avec des jaunes d'œufs, et versez cette préparation sur des croûtes de pain sur lesquelles vous aurez semé du sucre en poudre.

Potage aux moules.

Il se prépare de la même manière que le potage aux huîtres.

Potage à l'oignon.

Après avoir coupé de gros oignons par tranches, on les fait revenir dans du beurre; lorsqu'ils ont pris une belle couleur, on verse dessus une quantité d'eau suffisante, on ajoute du poivre et du sel, et lorsque le tout a bouilli pendant un quart-d'heure, on le verse sur le pain que l'on a préparé d'avance.

Potage aux poireaux.

Faites revenir dans du beurre des poireaux coupés par petits filets très-minces et longs d'un pouce, et opérez du reste comme pour le potage à l'oignon.

Potage au potiron.

Le potiron étant dépouillé de son écorce et coupé en forme de dés, on le fait cuire avec un peu d'eau et de sel, puis on le fait égoutter, et on le passe à l'étamine en le foulant avec le dos d'une cuiller de bois. On délaie ensuite la purée qui en résulte avec du lait, on la fait bouillir avec du beurre bien fin, un peu de sel, et on la verse sur des croûtons sautés au beurre.

Potage à la purée de pois.

Les purées de légumes et de racines se font de la même manière au maigre qu'au gras. (*Voyez l'article ci-après*), et agissez comme il y est dit, en substituant le bouillon maigre au bouillon gras.

Purée de racines.

Coupez par tranches des navets et des carottes par parties égales ; coupez de la même manière quelques oignons et un panais ; passez ces racines au beurre, remuez-les de temps en temps, et mouillez-les avec du bouillon. Lorsque vous aurez mis la quantité de bouillon nécessaire, vous ajouterez un peu de sucre réduit en caramel, et vous laisserez cuire le tout sur un feu peu ardent. Ces racines étant cuites, passez-les à l'étamine ; mettez la purée qui en résultera dans une certaine quantité de bouillon, de manière à ce que le potage ne soit pas trop clair, et servez.

Riz au lait.

Le riz étant convenablement lavé, d'abord à l'eau chaude, puis à l'eau froide, on le fait crever dans une petite quantité de lait, et à mesure que le lait tarit, on mouille le riz avec d'autre lait que l'on tient chaud au bain-marie. Le riz étant bien crevé, sans cependant être réduit en bouillie, on y met un peu de sel, puis on le laisse encore faire quelques bouillons, et on le sert avec du sucre en poudre à part.

Semoule au lait.

La semoule se prépare comme le vermicelle.

Vermicelle au lait.

Jetez dans du lait bouillant du vermicelle concassé, faites bouillir pendant une demi-heure, et servez avec du sucre en poudre à part.

CHAPITRE II.

DES GARNITURES, DES RAGOUTS ET DES SAUCES.

—

GARNITURES.

Beurre d'anchois.

Lavez avec soin quelques anchois, ôtez-en la petite peau blanche et l'arète, et pilez-les avec le dos d'un couteau, mêlez ensuite ces anchois à un morceau de beurre en les pétrissant ensemble, et passez ce beurre au tamis de crin en le foulant avec une cuiller.

Beurre d'écrevisses.

Pilez des coquilles de quelques écrevisses cuites, mettez-les dans une casserole avec un morceau de beurre et faites-le fondre. Passez ensuite cette préparation à l'étamine de manière qu'à mesure que le beurre passe, il tombe dans de l'eau fraîche. Réunissez ce beurre en un seul morceau pour vous en servir au besoin.

Beurre de Montpellier.

Pilez ensemble quelques anchois, des cornichons, des câpres, de la ravigote, des jau-

nes d'œufs durs, du sel et du poivre. Lorsque
le tout formera une espèce de pâte, vous y
ajouterez quelques jaunes d'œufs crus et vous
pilerez de nouveau en mouillant avec un peu
de vinaigre et une certaine quantité d'huile
que vous verserez au fur et à mesure et sans
cesser de piler; passez cette préparation à
l'étamine et mêlez-y un peu de vert d'épinards.

Bords des plats.

Taillez des morceaux de mie de pain de pâte
ferme en losanges, carrés, etc., faites-les revenir dans du beurre jusqu'à ce qu'ils soient
bien jaunes. Lorsque vous voudrez entourer
un plat avec des croûtons, vous ferez chauffer
le plat; vous étendrez sur l'extrémité des
croûtons du blanc d'œuf mêlé d'un peu de farine, et vous les poserez verticalement sur les
bords du plat, dont la chaleur fera coaguler
le blanc d'œuf, et ils se maintiendront dans
cette position.

Bouquet garni.

On prend des ciboules entières bien épluchées et lavées, des branches de persil, une
feuille de laurier, une gousse d'ail, un peu de
basilic. Les ciboules se posent les premières,
le persil par dessus, le laurier et l'ail ensuite;
on reploie les queues des ciboules de manière
qu'elles enveloppent le reste des fines herbes.
Il faut que le bouquet ait la forme d'un long
bouchon; on le ficelle pour qu'il ne se défasse
point dans le ragoût où on veut le mettre, et

on l'extrait des sauces et ragoûts dès qu'ils sont terminés.

Champignons.

Bien que certains champignons, qui se trouvent dans les bois et les pelouses, soient très-bons, il est néanmoins très-imprudent de s'en servir, attendu que les bons ressemblent beaucoup aux vénéneux qui peuvent causer la mort. Les champignons de couches sont donc les seuls qui doivent trouver accès dans une bonne cuisine.

Choucroûte.

Avant de faire cuire la choucroûte, vous la laverez à plusieurs reprises, et après l'avoir bien pressée pour en exprimer l'eau, vous la mettrez dans une casserole avec un morceau de lard de poitrine, un cervelas, des saucisses ; mouillez le tout avec du bouillon non dégraissé, et faites-le bouillir pendant cinq heures au moins. Egouttez ensuite la choucroûte, et dressez-la sur un plat avec les cervelas, les saucisses, et le petit lard que vous couperez en morceaux.

Concombres.

Mettez dans une casserole, avec un morceau de beurre, des concombres coupés par morceaux et dont vous aurez exprimé l'eau ; lorsqu'ils auront pris couleur, vous les mouillerez avec un peu de blond de veau, autant de velouté, et vous les laisserez bouillir jusqu'à ce qu'ils soient cuits.

Si vous vouliez faire des concombres à la

crème, il faudrait les faire blanchir sans en exprimer l'eau, puis vous les feriez cuire dans un roux blanc mouillé avec de la crème, en y ajoutant du gros poivre et un peu de muscade.

Cornichons.

Brossez des cornichons avec une brosse rude ou essuyez-les fortement avec un linge , puis mettez-les dans une terrine, jetez du sel dessus et laissez-les en cet état pendant vingt-quatre heures; au bout de ce temps ôtez l'eau qu'ils auront rendue et mettez-les dans un pot de grès avec de l'estragon, de la passe-pierre, du poivre long , des petits oignons et des clous de girofle; remplissez le pot avec du vinaigre bouillant dans lequel vous aurez mis du sel, et bouchez bien le pot après avoir laissé refroidir ce qu'il contient.

Croustade.

Taillez une mie de pain de pâte ferme de manière qu'elle soit un peu moins large que le plat sur lequel vous voulez servir la croustade, et qu'elle ait au moins quatre pouces de haut. Faites avec ce pain, en enlevant l'intérieur, une espèce de caisse; faites frire cette caisse dans du beurre, et lorsqu'elle sera bien jaune, vous la ferez égoutter. Cette caisse peut se garnir avec une foule de choses comme on le verra.

Culs d'artichauts.

Il faut faire blanchir des artichauts dans de l'eau bien salée jusqu'à ce qu'il soit possible d'en enlever toutes les feuilles et le foin ; les culs d'artichauts étant ensuite parés et rafraîchis , on les fait cuire dans une casserole avec des bardes de lard dessus et dessous , un bouquet garni, un jus de citron, du sel, un peu de beurre fin, le tout mouillé avec de l'eau et du vin blanc par égale partie. Les culs d'artichauts ainsi préparés s'emploient dans une foule de ragoûts.

Fines herbes.

Mettez dans une casserole un morceau de beurre , du persil , des échalotes , des champignons et des truffes , le tout haché , et faites sauter ces ingrédiens en y ajoutant du poivre et du sel.

Foies gras.

Après avoir fait dégorger des foies gras, et les avoir fait blanchir dans de l'eau chaude , sans les faire bouillir, il faut les dresser sur un plat à sauter avec des bandes de lard dessus et dessous , verser dessus une sauce mirepoix , et les faire cuire à petit feu.

Ognons farcis.

Enlevez, avec un vide-pomme , l'intérieur d'un certain nombre de gros ognons que vous aurez fait blanchir. Garnissez l'intérieur de ces ognons avec de la farce à quenelles; dressez-les sur un plat à sauter , ajoutez quelques cuillerées d'eau, un peu de sucre et de sel ; étendez les bandes de lard sur les ognons ; couvrez le plat à sauter et mettez un feu très-vif dessus et dessous. Lorsque les ognons sont cuits, on les ôte, puis on les arrose avec leur fond de cuisson que l'on a fait réduire.

Ognons glacés.

Beurrez le fond d'une casserole, et placez-y, la tête en bas, une certaine quantité de petits ognons épluchés ; mouillez avec un peu de consommé, et mettez la casserole sur un feu très-vif jusqu'à ce que vos ognons soient tombés sur glace.

Persil haché.

Pour que le persil haché ne conserve pas trop d'âcreté, il faut, lorsqu'on l'a haché aux trois quarts, jeter de l'eau dessus et le presser fortement dans une serviette ; puis on achève de le hacher le plus mince possible. Le même procédé est applicable aux ognons et aux échalotes.

Petites racines.

Faites cuire dans du velouté des carottes et des navets que vous aurez tournés en petits bâtons d'égale grosseur. A défaut de velouté, servez-vous de sauce espagnole , ou bien faites un roux , et mouillez-le avec du consommé.

Pommes de terre.

Il faut couper en long ou en ronds bien minces des pommes de terre bien épluchées et lavées, et les faire sauter au beurre jusqu'à ce qu'elles soient bien jaunes; il faut les remuer souvent pour qu'elles ne s'attachent pas au fond de la casserole. Lorsqu'elles ont pris assez de couleur, on les fait égoutter et on les saute dans du beurre frais avec un peu de glace de viande.

Raifort.

La racine de raifort, lavée et râpée, peut s'employer pour garnir plusieurs sortes de viandes.

Tomates.

Il faut couper les tomates en deux, en extraire le jus et les pépins, et remplir ces tomates avec une farce ainsi composée : on fait cuire du jambon avec quelques échalotes, des champignons et du persil haché, le tout mouillé avec un peu de bouillon ; on pile ensuite cette préparation, en y ajoutant quelques jaunes d'œufs, du sel, de la muscade, du piment, un peu de beurre d'anchois et de mie de pain ; on y ajoute un peu d'huile à mesure que l'on pile, et l'on passe cette farce au tamis en la foulant avec le dos d'une cuiller de bois. Les tomates étant garnies avec cette farce, on sème dessus un peu de mie de pain et de fromage râpé ; on les arrose avec un peu d'huile, et on les met sous le four de campagne. Les tomates ainsi préparées s'emploient comme garniture pour le bœuf, et en général toutes les grosses pièces bouillies.

Truffes à la piémontaise.

Coupez des truffes par tranches minces, et faites-en une couche sur un plat dont vous aurez huilé le fond, mettez sur cette couche un peu de poivre et de sel, puis couvrez-la avec une autre couche de fromage râpé ; faites ainsi successivement plusieurs lits de truffes et de fromage ; mettez cette préparation sur des cendres chaudes, couvrez-la avec un four de campagne, et servez lorsqu'elle sera de belle couleur.

Verjus.

Pilez dans un mortier une certaine quantité de grains de verjus avec un peu de sel ; exprimez-en le jus à l'aide d'une presse ou dans un linge que vous tordez fortement. Passez ce jus à la chausse jusqu'à ce qu'il soit très-clair, et mettez-le dans des bouteilles bien rincées et égouttées, pour vous en servir au besoin.

Vert d'épinards.

Faites blanchir des épinards, quelques ciboules et des branches de persil ; le tout étant rafraîchi et égoutté, on le pile dans un mortier, et on le passe à l'étamine en le mouillant avec de l'eau. Cette préparation ne s'emploie uniquement que pour donner de la couleur à certains mets.

Vert de ravigote.

Mettez dans un mortier, après les avoir fait blanchir et égoutter, de l'estragon, de la pimprenelle, du cresson de santé, du cresson alenois, du cerfeuil et de la ciboulette, le tout en égale quantité ; pilez ou hachez en y ajoutant de temps en temps, et sans cesser de piler un peu de sauce allemande (*Voir cet article*). Cette préparation étant passée au tamis s'emploie pour donner en même temps de la couleur et du goût à plusieurs sauces.

Vinaigre à l'estragon.

Pour faire le vinaigre à l'estragon, on fait sécher une once d'estragon au soleil, mettez-le dans une pinte de vinaigre, bouchez bien la cruche ou la bouteille dans laquelle vous aurez mis cette préparation, et exposez-la au soleil pendant dix ou douze jours.

RAGOUTS.

Ragoût à la chipolata.

Après avoir tourné en formes d'olives des carottes et des navets, il faut les faire blanchir, pour les faire cuire dans du consommé avec une égale quantité de marrons et d'ognons, et un peu de sucre. On met ensuite ces ingrédiens dans une casserole avec de petites saucisses, de petits morceaux de lard cuits à l'eau, et des champignons; on arrose le tout avec un peu de sauce espagnole, on mouille avec du consommé, et lorsque le fond de cuisson est réduit convenablement, on le clarifie.

Ragoût à la financière.

Après avoir fait réduire à la glace, dans une quantité suffisante de Madère, des truffes et des champignons, quelques gousses de piment et quelques petits morceaux de tomate, on mouille ces ingrédiens avec de la sauce espagnole à laquelle on ajoute un peu de glace de viande et quelques cuillerées de blond de veau. Le tout ayant bouilli pendant quelque temps, il faut passer cette sauce, (on extrait le piment et la tomate), puis remettre dedans les

truffes et les champignons et y ajouter des riz
de veau, des crêtes et rognons de coq et des
quenelles de volaille.

Ragoût de laitances de carpes.

Jetez des laitances de carpes dans de l'eau
bouillante, retirez-les presque aussitôt et faites-les cuire dans une casserole avec un verre
de vin blanc, autant de bouillon et autant de velouté, le tout assaisonné de sel et de poivre,
d'ail et d'un bouquet garni. Après vingt minutes d'ébullition, les laitances sont cuites.

Pour faire ce ragoût au maigre, on fait revenir dans du beurre, des ognons et un panais
coupés en tranches, ail, girofle, bouquet garni, basilic; le tout étant revenu, on le saupoudre de farine, on mouille avec moitié vin
blanc et moitié bouillon maigre. Ce fond de
cuisson étant réduit, on le passe et l'on fait
cuire les laitances de carpes dedans; on finit
le ragoût avec une liaison de jaunes d'œufs.

Ragoût de navets.

Sautez dans du beurre des navets bien tournés jusqu'à ce qu'ils soient bien jaunes; mouillez-les alors avec un peu de blond de veau,
autant de velouté; ajoutez-y un peu de sucre,
et faites-les bouillir jusqu'à ce qu'ils soient
cuits.

Ragoûts de navets vierges.

Il faut faire cuire dans du consommé, en y
ajoutant un peu de sucre, des navets bien tournés, blanchis à l'eau salée, et égouttés; quand
ils sont presque cuits, ajoutez-y un peu de

sauce allemande, et, après avoir retiré la casserole du feu, jetez dedans un peu de bon beurre, et remuez jusqu'à ce qu'il soit fondu et bien mélangé avec le tout.

Ragoût à la Toulouse.

Faites bouillir dans du consommé de volaille réduit les mêmes ingrédiens que pour le ragoût *à la financière*, et ajoutez-y un peu de sauce allemande. Il faudra de même en extraire le piment et la tomate, et avoir soin de faire chauffer à part les quénelles de volaille, qui ne doivent pas bouillir.

SAUCES.

Sauce allemande.

Mettez dans une casserole une égale quantité de velouté et de bouillon. Faites bouillir cette sauce et dégraissez-la avec soin; ajoutez y des champignons bien tournés, et lorsque la sauce sera convenablement réduite, vous y mettrez une liaison de jaunes d'œufs.

Aspic.

On met dans une marmite un morceau de trumeau de bœuf d'environ deux livres, autant de jarret de veau, une poule et deux pieds de veau que l'on aura fait blanchir, et dont on aura ôté l'os principal; on mouille tout cela avec du bouillon; on l'écume et l'on ajoute deux ognons, autant de carottes et autant de clous de girofle. La grandeur de la marmite doit être telle qu'elle soit pleine sans que pourtant le mouillement dépasse beaucoup la hauteur des viandes. Les viandes étant cuites, on dégraisse le fond de cuisson, on le passe au tamis de soie, et on lui donne une belle couleur en y mêlant un peu de caramel. Le mouillement étant refroidi, on met trois blancs d'œufs dans une casserole, on les fouette un instant, on verse le mouillement dessus, on y ajoute un jus de citron, et l'on met la casserole sur un feu ardent en agitant toujours ce qu'elle contient jusqu'à ce que cela commence à bouillir; alors on diminue le feu dessous, on en met sur le couvercle, et après avoir laissé bouillir cette préparation pendant quelques minutes, on la passe au travers d'une serviette mouillée que l'on aura tordue fortement pour en exprimer l'eau. Vous avez ainsi obtenu une belle gelée bien claire.

Mettez un moule à aspic sur de la glace pilée; versez de la gelée dans ce moule jusqu'à la hauteur d'un travers de doigt; lorsqu'elle sera prise, vous la décorerez avec des blancs d'œufs, des truffes, des cornichons taillés artistement; puis vous couvrirez cette décoration avec un peu de gelée, que vous verserez doucement le long des parois du moule; placez ensuite sur cette deuxième couche les ingrédiens que vous voudrez faire entrer dans l'aspic, tels que foies gras, blancs de volailles, crêtes et rognons de coq, cervelles, etc.; remplissez le moule avec de la gelée, et faites prendre le tout en entourant ce moule avec de la glace pilée. Lorsque le tout sera bien pris, et que vous voudrez servir l'aspic, vous tremperez le moule dans de l'eau tiède, vous l'essuierez bien, vous poserez un plat dessus, vous le renverserez et vous lèverez le moule avec précaution.

Aspic clair.

Jetez une poignée d'estragon dans une cuillerée à pot de sauce-mirepois; ajoutez-y un verre de vinaigre, un peu de poivre en grain, et faites bouillir jusqu'à ce que l'estragon tombe sur glace; mouillez ensuite avec du consommé, faites bouillir de nouveau. Clarifiez cette préparation avec des blancs d'œufs battus dans de l'eau, et passez-la dans une serviette.

Sauce aurore.

Après avoir fait bouillir du velouté dans lequel on aura mis un peu de muscade, du sel, du gros poivre et un jus de citron, on passera au travers d'une passoire, et sans les mouiller, des jaunes d'œufs durs, et l'on mêlera ces filets de jaunes d'œufs au velouté que l'on aura tenu chaud au bain-marie.

On appelle aussi *sauce aurore* un mélange de sauce tomate et de sauce allemande que l'on fait chauffer et auquel on ajoute un morceau de beurre frais.

Sauce béchamelle.

On met dans une casserole une certaine quantité de velouté; on y ajoute du consommé, et l'on fait réduire à grand feu. Il faut avoir soin de tourner avec une cuiller de bois et prendre garde que cette sauce ne s'attache au fond de la casserole. Lorsqu'elle a acquit un degré d'épaisseur convenable, il faut y mettre de la crème peu à peu et sans cesser de la remuer. On passe ensuite cette sauce à l'étamine, et on la fait chauffer au bain-marie quand on veut s'en servir.

Sauce béchamelle maigre.

Après avoir fait bouillir une chopine de bon lait, on met dans une casserole un morceau de beurre et deux cuillerées de farine ; on les manie ensemble, et on mouille avec la moitié du lait. On fait ensuite réduire cette préparation en la remuant toujours, afin qu'elle ne s'attache pas au fond de la casserole, et à mesure qu'elle épaissit, on y ajoute peu à peu l'autre moitié du lait. Cette crème étant cuite et convenablement réduite ; on la passe à l'étamine, et lorsqu'on veut s'en servir, il faut la faire chauffer au bain-marie.

Sauce au beurre.

Mettez dans une casserole une pincée de farine que vous aurez délayée avec une cuillerée d'eau ; ajoutez un peu de beurre, sel, poivre, muscade, girofle, et mettez le tout sur un feu ardent. Tournez sans cesse cette préparation avec une cuiller de bois. Après quelques minutes d'ébullition, ôtez la casserole du feu, et ajoutez à la sauce un fort morceau de beurre fin et un peu de vinaigre.

Sauce au beurre et à l'ail.

Pilez la moitié d'une gousse d'ail ; mêlez-la à un morceau de beurre, de deux onces environ, et mettez ce beurre dans du velouté travaillé.

Sauce au beurre d'anchois.

Jetez dans une certaine quantité de sauce espagnole que vous aurez fait réduire, et qui sera bien chaude, une once de beurre d'anchois et un jus de citron; tournez cette sauce. afin que tout soit bien mêlé.

Sauce au beurre d'écrevisses.

Opérez comme à l'article précédent, en substituant le beurre d'écrevisses au beurre d'anchois.

Beurre noir.

Il faut mettre dans une casserole un demi-verre de vinaigre avec du poivre et du sel, et le faire bouillir. En même temps, on met dans une autre casserole du beurre que l'on fait chauffer jusqu'à ce qu'il soit presque noir, puis on mêle le tout ensemble.

Blanc.

Faites bouillir dans une petite quantité d'eau du lard râpé, des tranches de citron, quelques carottes et ognons coupés en petits morceaux, une feuille de laurier, un clou de girofle. Il faut laisser bouillir le tout en le tournant sans cesse jusqu'à ce que l'eau soit entièrement évaporée. Mouillez alors avec une plus grande quantité d'eau ; faites bouillir de nouveau, écumez avec soin, et conservez cette préparation dans une terrine, pour vous en servir au besoin.

Sauce blanche.

On met dans une casserole un fort morceau de beurre, plein une cuiller à bouche de farine, et on pétrit ce beurre et cette farine avec une cuiller de bois; puis on y ajoute du sel, de l'eau, et on la tourne sur le feu. Il faut la retirer au moment où elle est près de bouillir. On y ajoute alors un peu de muscade râpée et un jus de citron.

Blond de veau.

Mettez dans une casserole un quasi et un jarret de veau, deux carottes, autant d'ognons; mouillez le tout avec du bouillon, et faites-le bouillir sur un feu très-ardent jusqu'à ce que le bouillon soit réduit. Diminuez le feu, afin que la glace ne brûle pas, et lorsque cette glace aura pris couleur, vous mouillerez de nouveau avec du bouillon. Faites bouillir, écumez avec soin et conservez cette préparation dans une terrine, pour vous en servir au besoin.

Sauce bretonne.

Il faut mettre des ognons éminces dans une casserole, avec sel, poivre, ail, thym, laurier, et sauter le tout sur un feu très-ardent, jusqu'à ce que l'ognon soit jaune. On couvre ensuite le feu avec des cendres, et l'on met du feu sur le couvercle de la casserole. L'ognon étant bien cuit, on met la casserole sur un feu plus vif; on ajoute aux ognons un peu de vinaigre et de sucre, et on laisse réduire le tout en glace. On met alors cette glace dans une sauce tomate; on y joint une certaine quantité de haricots blancs ou de la purée de haricots, si on en a de la toute faite, et l'on passe le tout à l'étamine. Cette sauce étant ainsi préparée, on y met un morceau de beurre bien frais, et on la fait chauffer sur un feu très-doux.

Sauce brune.

Il faut mettre dans une casserole un fort morceau de bœuf, autant de veau, une poule, des ognons et des carottes, deux grands verres d'eau, et faire bouillir sur un feu très-ardent jusqu'à ce que ces ingrédiens commencent à tomber sur glace. Alors on diminue le feu, et lorsque la glace devient brune, on met de nouveau du bouillon, et l'on ajoute un bouquet garni, des champignons, une feuille de laurier, un clou de girofle et du sel. Après une cuisson de trois heures, on ajoute à tout cela un roux que l'on a fait à part, et l'on fait encore bouillir le tout pendant une heure; puis on passe cette sauce à l'étamine après l'avoir dégraissée avec soin.

Brute-sauce.

Mettez dans une casserole une mie de pain que vous aurez fait tremper dans du lait, et faites-la cuire en l'arrosant de temps en temps. Lorsque cela forme une espèce de bouillie, on y ajoute du beurre, du sel et du poivre en grain.

Sauce aux câpres.

Faites une sauce blanche, et ajoutez-y des câpres.

Sauce à la crème.

Mettez dans une chopine de lait du persil et de la ciboule hâchés, en petite quantité, du sel, du poivre, de la muscade, un fort morceau de beurre et un peu de farine. Faites bouillir cette préparation pendant dix minutes, et servez.

Sauce à la diable.

Il faut mettre dans une casserole des échalotes hachées, une gousse d'ail, une feuille de laurier et un peu de glace de viande. On mouille le tout avec un demi-setier de vinaigre, et on le fait bouillir jusqu'à ce qu'il soit réduit en demi-glace. Alors on mouille de nouveau avec du jus de viande; on fait encore bouillir pendant quelques instans, et on ajoute, pour finir la sauce, un peu de piment, gros comme une noix de beurre fin, et une cuillerée ou deux d'huile d'olives.

Sauce à la durcelle.

Mettez dans une casserole du lard râpé, autant de beurre, des truffes, des champignons, du persil et des échalotes hachés et lavés, poivre, sel, muscade, laurier, très-peu d'ail; mouillez le tout avec du vin blanc, et faites-le bouillir jusqu'à ce qu'il soit réduit à glace. Jetez sur cette glace quelques cuillerées de sauce allemande, et mêlez bien le tout.

Sauce aux échalotes.

Mettez dans une casserole un demi-verre de vinaigre, une cuillerée de gelée de viande, cinq ou six échalotes hachées très-menu, laurier, sel et poivre; faites réduire cette sauce aux deux tiers pour la mouiller avec

un peu de jus ou avec un fond de cuisson ;
ajoutez une cuillerée d'huile, et servez.

Sauce espagnole.

On prend le roux qui est nécessaire, on le
met dans une casserole sur le feu ; lorsqu'il est
chaud, on le mouille avec du jus ou du bouillon, en ayant soin de remuer toujours d'une
main tandis que l'on verse de l'autre. Lorsqu'il est mouillé convenablement, on le met
écumer sur le coin du fourneau, puis on le fait
bouillir lentement après y avoir ajouté un
bouquet garni. Au bout d'une heure, on le
dégraisse avec soin, et on le passe à l'étamine du tamis de crin. Lorsque cette préparation
est dans la terrine, il faut la remuer pendant
quelques instans. Après un quart-d'heure de
repos, il se forme sur la sauce une peau que
l'on enlève. La sauce alors est terminée, et on
la conserve dans une terrine, pour s'en servir
au besoin.

Sauce espagnole travaillée.

Faites un mélange, par parties égales, de
sauce espagnole et de consommé ; jetez des
champignons dans ce mélange; faites-le bouillir, écumez et dégraissez, et lorsque cette
sauce aura acquis une épaisseur convenable.
vous la passerez à l'étamine.

Essence de gibier.

Après avoir levé les filets et les cuisses de
plusieurs lapereaux, on met les débris et les
carcasses dans une casserole avec de l'eau ou
du bouillon, quelques carottes et ognons et

un bouquet garni, et l'on fait de tout cela une espèce de consommé que l'on nomme *essence*, et qui entre dans la composition de certaines sauces.

Essence de légumes.

L'essence de légumes se fait de la même manière que le consommé ; la seule différence consiste en ce que l'on met dans la marmite, pour l'essence, une grande quantité d'ognons, navets, carottes, du cerfeuil, quelques pieds de céléri, et plusieurs laitues. Lorsque les viandes sont cuites et que l'on a dégraissé et passé l'essence, on peut lui donner le degré de force que l'on veut en la laissant réduire.

Essence de volaille.

Opérez comme il est dit à l'article *Menu de volaille*, en substituant des débris de volaille aux débris de gibier.

Farce cuite.

Faites revenir dans du beurre des blancs de volailles crus et assaisonnés de muscade, sel et poivre ; ôtez ensuite des blancs pour les faire égoutter, et remplacez-les par un morceau de mie de pain et un peu de persil haché ; mouillez ce pain avec du bouillon et laissez-le bouillir jusqu'à ce qu'il forme une panade. Pilez alors vos blancs de volailles ; pilez à part la panade, et pilez, toujours à part, la tétine de veau. Ces trois choses étant en égale quantité, mettez-les toutes dans le même mortier, et pilez de nouveau en y ajoutant des jaunes d'œufs.

Sauce au fenouil.

Mettez dans une casserole de la sauce au beurre et autant de velouté; faites chauffer ce mélange, ajoutez-y du poivre, du sel et de la muscade, et jetez-y du fenouil haché, blanchi, égoutté, et que vous aurez pétri avec un morceau de beurre. Vannez bien et servez.

Sauce au fumet de gibier.

Il faut mettre dans une casserole deux lapereaux et deux perdrix, quelques ognons et carottes, un clou de girofle, du thym et du laurier; mouiller le tout avec une bouteille de vin blanc, et le faire bouillir jusqu'à ce que les viandes et autres ingrédiens soient tombés sur glace. On mouille alors avec de l'essence de gibier, et l'on fait bouillir de nouveau jusqu'à ce que les perdrix et lapereaux soient cuits. Il faut alors dégraisser le fond de cuisson et le passer dans une serviette; puis on ajoute à ce fond un peu de sauce espagnole et l'on fait réduire le tout jusqu'à ce que la sauce ait acquis l'épaisseur convenable. Ici, comme dans beaucoup d'autres cas, la sauce espagnole peut être remplacée par un roux.

Gelée.

On met dans une marmite un morceau de trumeau de bœuf de deux livres, deux jarrets de veau, deux pieds de veau, une poule, et l'on mouille tout cela avec du bouillon. Après avoir écumé avec soin, on ajoute deux ognons, deux clous de girofle et deux carottes. La grandeur de la marmite doit être telle qu'elle soit pleine, et que le mouillement couvre à peine les in grédiens dont nous venons de parler. Le tout étant cuit, on dégraisse le mouillement, on le passe au tamis et on lui donne une belle couleur avec un peu de caramel. On remet ensuite ce mouillement sur le feu, et on le clarifie, en versant dedans, à mesure qu'il bout; des blancs d'œufs battus dans un peu d'eau. On passe ensuite cette préparation dans un linge blanc, et l'on dépose le vase qui la contient dans un endroit frais où elle ne tarde pas à se congeler. Cette gelée sert à garnir différens mets froids.

Sauce génoise.

Il faut mettre dans une casserole des échalotes, du persil et des cornichons hachés, du raisin de Corinthe, des câpres, de la glace de viande, sel, poivre, piment, muscade. Mouillez le tout avec un demi-setier de vinaigre et le faites bouillir sur un feu ardent jusqu'à ce qu'il soit réduit en glace. Mouillez alors de nouveau avec moitié consommé et moitié sauce au beurre; ajoutez un peu de beurre d'anchois, et vannez bien la sauce avant de la servir.

Glace de racines.

Faites cuire dans de bon bouillon, et sur un feu peu ardent, des navets, carottes, ognons et quelques clous de girofle. La cuisson doit durer jusqu'à ce que le bouillon soit épais comme du sirop. Lorsqu'on veut servir de cette glace, il faut la faire chauffer au bain-marie et faire fondre dedans un morceau de beurre frais.

Gratin.

Faites revenir dans du beurre de la rouelle de veau coupée en petits morceaux, assaisonnée de fines herbes, sel et poivre ; jetez ensuite cette préparation dans un mortier avec des foies de volaille que vous aurez fait dégorger et blanchir, un morceau de pain mollet que vous aurez fait tremper dans du lait, et de la tétine de veau cuite ; assaisonnez le tout de sel, poivre, muscade ; pilez bien, et ajoutez successivement plusieurs œufs entiers sans cesser de piler. Le tout étant réduit en une espèce de pâte, vous vous-en servirez pour un grand nombre de mets de gratin.

Sauce à la Grimod.

La sauce à la Grimod se prépare comme la sauce *portugaise*; lorsqu'elle est presque terminée, il faut y ajouter un peu de piment, de la muscade et du safran.

Sauce aux groseilles à maquereau.

Il faut faire blanchir dans de l'eau salée des groseilles à maquereau qui ne soient pas tout à fait mûres, et desquelles on aura préalablement extrait les pépins. Préparez, d'autre part, une sauce au fenouil, et jetez dedans les groseilles après les avoir fait égoutter.

Sauce hachée.

Faites revenir dans du beurre des champignons, du persil et des échalotes hachés ; mouillez ensuite avec de la sauce espagnole ;

faites bouillir cette préparation et dégraissez-la avec soin. Ajoutez-y des câpres et des cornichons hachés, et, au moment de servir, un peu de beurre d'anchois.

Sauce à l'huile.

Après avoir supprimé le zeste et le blanc de deux petits citrons, ôtez-en les pépins et coupez-les par tranches; ajoutez-y de l'huile, un peu de vinaigre, une pointe d'ail écrasée, du persil et de l'estragon hachés menu; assaisonnez de piment, de sel et de poivre; incorporez bien tout ensemble, et servez.

Sauce italienne.

Il faut hacher très-menu des champignons, des échalotes et du persil, et les passer au beurre dans une casserole; on y ajoute un peu de farine, et l'on mouille avec du jus ou du bouillon et un verre de vin blanc. On fait ensuite bouillir cette sauce, et on la dégraisse avec soin.

Jus.

Pour se procurer du jus, on rassemble tous les débris de viande fraîche que l'on peut avoir, osselets, découpures de côtelettes; la réjouissance que donne le boucher, etc., puis on met tout cela dans une casserole, avec quelques ognons coupés en tranches et autant de carottes coupées de même; on y ajoute un verre de bouillon et on fait bouillir pendant une demi-heure. Lorsqu'il n'y a plus que peu de mouillement, on ralentit le feu, et on laisse tomber doucement en glace. On mouille ensuite avec de l'eau bouillante ; on l'assaisonne de sel, et l'on y joint un bouquet garni. Si on a des découpures de champignons, on peut les ajouter, ainsi que les cous, les gésiers de volailles ou gibier préparé pour rôt. On laisse cuire pendant deux heures en ayant soin d'écumer et dégraisser ; puis on passe le jus au tamis de soie, dans une terrine ou un vase de faïence. Après une demi-heure de dépôt, on le change doucement de vase, et on jette le dépôt resté au fond du premier vase.

Jus maigre

Faites revenir dans du beurre une carpe et un brochet coupés par morceaux, ainsi que des carottes et des ognons coupés par tranches, un bouquet garni, un clou de girofle, du poivre et du sel. Le tout étant bien revenu, mouillez avec un verre de vin blanc, autant de bouillon maigre, et faites réduire jusqu'à ce que ces ingrédiens tombent sur glace et que cette glace soit presque noire. Mouillez alors avec une plus grande quantité de bouillon maigre et un peu de vin, ajoutez des champignons, et faites bouillir de nouveau jusqu'à ce que tous les ingrédiens soient cuits, et passez ce jus au tamis.

Macédoine de légumes.

Faites cuire dans une sauce allemande des légumes de toute espèce que vous aurez d'abord fait blanchir, tels que carottes, navets, ognons, pointes d'asperges, culs d'artichauts, petits pois, petites fèves, haricots verts et blancs, champignons, concombres, etc. ;

ajoutez à tout cela un peu de glace de racines, un peu de sucre, et lorsque le tout est cuit, un morceau de beurre fin.

Maître-d'hôtel froide.

On marine un morceau de beurre avec du persil haché, du sel et du jus de citron ; on peut aussi y mettre un peu de ciboule, et on met cette maître-d'hôtel sur les viandes, le poisson ou les légumes, sans la faire chauffer.

Maître-d'hôtel liée.

C'est une sauce blanche à laquelle on ajoute un peu de persil haché.

Marinade cuite.

On met dans une casserole un peu de beurre, un ognon et une carotte émincés, une feuille de laurier, une gousse d'ail, du sel et du poivre ; on mouille le tout avec une chopine de bouillon et un verre de vinaigre très-fort. On fait bouillir cette préparation; et on la passe au tamis.

Sauce à la matelote.

Mêlez ensemble quelques cuillerées de sauce espagnole, autant de blond de veau, et autant de court-bouillon dans lequel vous aurez fait cuire du poisson. Faites bouillir ce mélange, dégraissez-le et passez-le à l'étamine; passez en même temps, en les foulant avec le dos d'une cuiller de bois, les ognons et champignons qui auront cuit avec le poisson. Ajoutez à cette sauce un morceau de beurre frais, un

peu de beurre d'anchois, et mêlez bien le tout
ensemble.

Mayonnaise.

On met dans une terrine deux jaunes d'œufs
et trois ou quatre cuillerées de velouté; on remue le tout avec une cuiller de bois , et l'on y
ajoute de l'huile peu à peu en ayant soin de
remuer continuellement. Quand cette préparation s'épaissit, on y ajoute, par intervalle ,
un peu de vinaigre ou de jus de citron. Lorsque
l'on a mis une quantité d'huile suffisante et que
la mayonnaise ressemble à une crème un peu
épaisse, on l'emploie sur-le-champ. Si l'on
voulait que la mayonnaise fût verte , il suffi-
rait d'y introduire, en la faisant, un peu de
vert d'épinards.

Sauce mirepois.

Pour préparer la sauce mirepois, il faut
couper par petits morceaux une livre de veau,
une demi-livre de jambon , des débris de volaille, et mettre tout cela dans une casserole
avec un bouquet garni, un clou de girofle, une
gousse d'ail, des champignons. On fait d'abord
revenir tous ces ingrédiens dans le beurre jusqu'à ce que le tout soit à sec ; alors on met la
moitié dans une autre casserole , et dans chacune de ces casseroles on met environ une chopine de sauce espagnole; on mouille l'une avec
du blond de veau : c'est celle qui est destinée
à remplacer la sauce espagnole, et l'autre avec
du consommé peu salé ; celle-ci remplacera le
velouté. Il faut alors faire bouillir ces préparations et les tourner sans cesse tant qu'elles ne

bouillent pas , et avoir soin de tenir les casseroles pleines jusqu'à ce que les viandes soient
cuites et que l'on ait bien dégraissé les sauces;
puis on les fait réduire et on les passe à l'étamine.

Sauce aux moules.

Préparez une sauce au beurre, et ajoutez-
y un peu de persil haché , et des moules que
vous aurez fait blanchir et égoutter. La sauce aux huîtres se prépare de la même manière.

Sauce nivernaise.

Il faut faire blanchir et égoutter de petites
carottes que l'on aura tournées en forme d'o-
lives, puis les faire cuire dans du consommé ,
les ôter afin de faire réduire le consommé jusqu'à ce qu'il soit très-épais, et remettre ensuite les carottes dedans.

Pâte à frire.

Faites une pâte claire en délayant de la farine avec des jaunes d'œufs, un demi-verre de
bière, un peu d'huile et de beurre, le tout
dans la proportion de trois jaunes d'œufs pour
un demi-litre de farine et une cuillerée d'huile.
La pâte étant bien délayée, fouettez des blancs
d'œufs en neige, et mêlez-les bien avec cette
pâte.

Sauce piquante.

Faites bouillir dans un demi-verre de vinaigre deux gousses de piment, un peu de poivre
en poudre, du thym et une feuille de laurier.
Le vinaigre étant réduit de moitié , vous en

ôterez le piment, le thym et le laurier, et vous mettrez avec le vinaigre un demi-verre de bouillon et autant de sauce espagnole. Faites réduire de nouveau jusqu'à ce que cette sauce soit d'une épaisseur convenable.

Poélée.

Mettez dans une casserole une livre de beurre, deux livres de veau coupé en petits morceaux carrés, autant de lard coupé de la même manière, trois ou quatre ognons et autant de carottes, du sel et du poivre, le jus de deux citrons, un clou de girofle et un bouquet garni. Faites bouillir jusqu'à ce que tout cela tombe sur glace, puis mouillez avec du consommé, et laissez bouillir de nouveau jusqu'à ce que le tout soit cuit.

Sauce poivrade.

On met dans une casserole un verre de vinaigre, et on le fait réduire ; on y ajoute une échalote émincée, une demi-feuille de laurier, une gousse d'ail, du poivre, et une certaine quantité de jus ou de bouillon ; on fait de nouveau bouillir cette sauce, que l'on dégraisse et que l'on passe à l'étamine.

Sauce pluche.

On prépare cette sauce comme celle au suprême. Lorsqu'elle est finie, on y ajoute des feuilles de persil coupées en petits morceaux, que l'on a fait blanchir dans de l'eau bouillante avec un peu de sel. On peut aussi lier cette sauce avec des jaunes d'œufs, et y ajouter un jus de citron.

Sauce pluche maigre.

Elle se prépare comme la précédente; seulement on substitue le velouté maigre au velouté gras. Si l'on n'avait pas de velouté maigre, on pourrait le remplacer par un roux blanc que l'on mouillerait avec du court-bouillon dans lequel on aurait fait cuire du poisson.

Sauce portugaise.

Il faut mettre dans une casserole six jaunes d'œufs, un fort morceau de beurre, du sel et du poivre, et un jus de citron; on pose cette casserole sur un feu peu ardent, et l'on tourne doucement jusqu'à ce que la sauce commence à se lier; alors il faut la tourner plus fort et la vanner, c'est-à-dire prendre de la sauce dans la cuiller, l'élever, la laisser retomber, et répéter cela jusqu'à ce que cette sauce soit bien liée et d'une épaisseur convenable. Il faut la servir aussitôt qu'elle est achevée.

Sauce provençale.

Mêlez ensemble deux ou trois jaunes d'œufs, une cuillerée de sauce allemande, un jus de citron, un peu de piment en poudre et de l'ail pilé; faites chauffer cette préparation au bain-marie, puis ôtez-la de dessus le feu, et ajoutez-y peu à peu, et en remuant toujours, une certaine quantité d'huile d'olives.

Purée de cardons.

Mettez dans une casserole une certaine

quantité de velouté, et le double de consommé, jetez dans ce mélange des cardons que vous aurez fait cuire au blanc; laissez réduire le tout, passez-le à l'étamine; ajoutez-y un peu de glace de viande, et faites chauffer cette préparation au bain-marie quand vous voudrez vous en servir.

Purée de champignons.

Après avoir épluché une quantité convenable de champignons, mettez-les tremper pendant dix minutes dans un peu d'eau et de jus de citron; passez-les au beurre après les avoir hachés, puis versez du velouté dessus, laissez réduire le tout et passez-le à l'étamine.

Purée de chicorée.

Passez au beurre de la chicorée blanchie et hachée; puis versez dessus un peu de crème et autant de velouté; la chicorée étant bien cuite, mettez un peu de sucre dans cette préparation et passez-le à l'étamine.

Purée d'ognons.

Emincez des ognons, passez-les au beurre, et mouillez-les avec de la sauce espagnole; faites réduire le tout et passez-le à l'étamine en le foulant avec le dos d'une cuiller de bois.

Quenelles de volaille.

Levez des blancs de volailles rôties, ôtez en les nerfs et les peaux, et pilez ces blancs dans un mortier. Pilez, d'autre part, de la mie de pain que vous aurez fait tremper dans du lait et un fort morceau de beurre. Passez au tamis les blancs de volaille pilés; mettez-les dans le mor-

tier où sont la mie de pain et le beurre, et
pilez de nouveau en ajoutant successivement
du sel, du poivre et de la muscade, des jaunes
d'œufs et des blancs d'œufs fouettés en neige.
Faites, avec cette espèce de pâte, des petits
bâtons longs et gros comme le pouce, et faites-
les pocher dans du bouillon bouillant.

Sauce à la ravigote.

La sauce à la ravigote n'est autre chose que
du velouté dans lequel on met une ravigote
ainsi composée : estragon, pimprenelle, civette, persil et cerfeuil, que l'on hache, que l'on
fait blanchir à l'eau bouillante et que l'on fait
égoutter. On ajoute à cette sauce un peu de
vinaigre à l'estragon, et on la vanne, afin que
le tout se mêle bien.

Ravigote à l'huile.

Hachez du cerfeuil, de la pimprenelle, de
la civette et de l'estragon, et jetez ces herbes
dans du velouté froid ; ajoutez du sel et du
poivre, de l'huile et du vinaigre, et remuez
cette sauce jusqu'à ce qu'elle soit bien liée.

Rémolade.

Mettez dans une petite terrine deux cuillerées de moutarde, une cuillerée de velouté, du
sel, du gros poivre, des échalotes et du persil hachés ; remuez tout cela rapidement avec
une cuiller de bois, et ajoutez-y de l'huile et
du vinaigre, peu à peu et sans cesser de tourner, de manière que le tout soit bien lié et
d'une épaisseur convenable.

Sauce Robert.

Coupez en petits dés cinq ou six gros ognons

dont vous aurez ôté la tête et la queue, qui don-
nent trop d'âcreté; passez ces ognons au
beurre, et, lorsqu'ils seront de belle couleur,
vous les mouillerez avec de la sauce espagnole.
Faites bouillir, dégraissez, et, au moment de
servir, ajoutez deux cuillerées de moutarde
que vous mêlerez bien avec la sauce.

Roux.

On met dans une casserole un morceau de
beurre plus ou moins fort; lorsqu'il est fondu,
on y met de la farine autant qu'il en peut hu-
mecter, et lorsque le roux commence à bouillir, on le met sur un feu très-doux que l'on
entretient. Il faut avoir soin de le remuer très-
souvent pour éviter qu'il ne s'attache. Lorsqu'il a une couleur blonde, on le dépose dans
une terrine pour s'en servir au besoin.

Roux blanc.

On opère comme il est dit à l'article précédent, seulement on le laisse moins de temps
sur le feu pour éviter qu'il ne prenne couleur.
Le roux ne se fait qu'au moment de s'en servir.

Salpicon.

Faites cuire dans du consommé des riz de
veau, des foies gras et du jambon; faites cuire
d'autre part des culs d'artichauts, des truffes
et des champignons; coupez les viandes et les
légumes en petits morceaux carrés; faites réduire de la sauce espagnole et jetez dedans
tous ces ingrédiens.

Sauce au suprême.

Mettez dans une casserole une égale quantité

de velouté et de sauce espagnole, et faites réduire cette sauce jusqu'à ce qu'elle soit d'une
épaisseur convenable; ajoutez-y ensuite un peu
de beurre fin, et vannez la sauce pendant quelques instans.

Sauce tomate.

Après avoir coupé en deux une douzaine de
tomates, on en exprime le jus, que l'on jette,
ainsi que les pépins, et on les met dans une certaine quantité de velouté. On y ajoute un ognon
coupé par tranches, un peu d'ail, de laurier,
de persil et du vinaigre. Tout cela ayant bouilli
ensemble, on le passe à l'étamine en le foulant
avec le dos d'une cuiller de bois ; puis on fait
bouillir de nouveau cette sauce, et on la dégraisse avec soin.

Velouté, ou sauce tournée.

Faites un roux blond, délayez-le avec du consommé qui n'ait point de couleur, et opérez du
reste comme il est dit à l'article *Sauce espagnole.*

Veloute maigre.

Coupez par morceaux une carpe et un brochet, et mettez-les dans une casserole avec
deux ou trois ognons, autant de carottes, sel,
poivre, clous de girofle et bouquet garni. Après
avoir fait revenir tout cela dans le beurre,
mais sans lui faire prendre couleur, vous le
mouillerez avec du bouillon maigre, et vous
le ferez bouillir jusqu'à ce que le poisson soit
cuit; faites alors un roux blanc; mouillez-le
avec le fond de cuisson du poisson ; ajoutez-y

des champignons et laissez bouillir cette sauce jusqu'à ce qu'elle soit assez épaisse ; alors vous la passerez à l'étamine après l'avoir dégraissée.

Velouté travaillé.

Opérez comme il est dit à l'article *Sauce espagnole travaillée*, en remplaçant la sauce espagnole par le velouté.

CHAPITRE III.

—

DU BOEUF.

Lorsqu'on veut se procurer à la fois de bon bœuf et de bon bouillon , on doit choisir préférablement de la *côte couverte,* du *gite à la noix*, de la *culotte* ou de la *tranche.*

Bœuf bouilli.

Après six heures d'une ébullition modérément soutenue , pendant laquelle vous avez soin de verser de l'eau chaude dans votre marmite à mesure qu'elle tarit , sortez le bœuf du pot-au-feu pour le servir avec une sauce tomate ou toute autre , au choix , et en l'accompagnant d'une garniture de choux , d'ognons glacés, de persil, etc.

Bœuf bouilli fin.

Hachez votre bouilli bien menu , puis faites revenir des fines herbes dans du beurre , saupoudrez-les de farine , mouillez avec du bouillon , salez et poivrez ; faites bouillir cette sauce pendant quelques minutes ; versez-la sur le bœuf et mêlez bien le tout. Si cela n'avait pas assez de consistance , il faudrait y ajouter un peu de mie de pain. Faites ensuite , avec ce hachis, des boulettes de moyenne grosseur et faites-les frire après les avoir saupoudrées de farine.

Bœuf bouilli en matelote.

Il faut faire revenir dans du beurre des petits ognons entiers, et lorsqu'ils sont bien jaunes, les saupoudrer de farine. On mouille ensuite avec un peu de bouillon et deux fois autant de vin rouge; on ajoute des champignons, du poivre et du sel, un bouquet garni, et on laisse bouillir jusqu'à ce que les ognons et champignons soient cuits. On verse alors cette préparation sur le bouilli coupé par tranches, et l'on met pendant quelques instans sur de la cendre chaude le plat sur lequel cela est dressé.

Bœuf bouilli en miroton.

Faites revenir dans du beurre des ognons coupés par tranches, puis saupoudrez-les avec un peu de farine, et les mouillez avec du bouillon et un peu de vinaigre; ajoutez du poivre, du sel et laissez bouillir le tout pendant quelque temps. Tandis que cela se prépare, coupez votre bouilli par tranches, arrangez ces tranches sur un plat, versez dessus la préparation dont nous venons de parler, et faites mijoter le tout pendant dix minutes.

Bœuf bouilli en persillade.

Coupez votre bouilli et dressez-le comme il est dit à l'article précédent; jetez dessus du sel, du poivre, de la ciboule et du persil hachés; étendez sur le tout une légère couche de chapelure, mouillez avec du bouillon et faites bouillir le tout sur un feu doux pendant un quart-d'heure.

Bœuf bouilli à la poulette.

Hachez du persil et de la ciboule, faites-les revenir dans du beurre, puis jetez un peu de farine dessus, mouillez avec du bouillon, ajoutez du poivre et du sel, de la muscade, faites bouillir pendant un instant, et mettez dans cette préparation votre bouilli coupé par tranches. Liez ensuite la sauce avec des jaunes d'œufs.

Beef-steak à l'anglaise.

Le filet de bœuf étant préparé, coupé par morceaux, vous aplatissez ces morceaux et leur donnez une forme ronde ; trempez-les dans du beurre tiède, puis dans de la mie de pain mêlée de sel et de poivre; faites-les griller ; préparez une maître-d'hôtel froide et dressez les beef-steak dessus.

Beef-steak au beurre d'anchois.

Le beef-steak étant préparé et cuit comme il est dit à l'article précédent, dressez-les sur du beurre d'anchois.

Beef-steak au cresson.

Il se prépare comme le beef-steak aux pommes de terre; la seule différence consiste à remplacer les pommes de terre par du cresson bien épluché et assaisonné d'un peu de vinaigre.

Beef-steak aux pommes de terre.

Parez et coupez le filet de bœuf comme il est

dit ci-dessus, saupoudrez-le de sel et de poivre, faites-le griller, et dressez-le sur une maître-d'hôtel froide. D'autre part, vous aurez fait sauter au beurre de petites pommes de terre entières ou coupées en liards, avec lesquelles vous garnirez les beef-steak.

Cervelles de bœuf au beurre noir.

Il faut faire dégorger les cervelles de bœuf dans de l'eau tiède, et en ôter avec soin les fibres et le sang. On les fait ensuite blanchir et égoutter, puis on les met dans une casserole foncée de bardes de lard ; on les recouvre avec des bardes semblables, quelques carottes et ognons coupés en tranches, du sel et du gros poivre ; on mouille le tout avec du vin blanc, et l'on fait cuire sur un feu ardent. Les cervelles étant cuites, on les fait égoutter, on les dresse, et l'on met dessous du beurre noir.

Cervelles de bœuf en crépinettes.

Coupez des ognons en petits morceaux carrés, et faites-les cuire dans du beurre, en y ajoutant du sel et du poivre, un peu de moutarde, d'ail, et une feuille de laurier. Lorsqu'ils seront cuits, vous les mouillerez avec du velouté, vous ferez bouillir le tout pendant quelques instans ; vous finirez cette préparation avec une liaison de jaunes d'œufs, et vous la laisserez refroidir après avoir mis dedans vos cervelles coupées par morceaux, ayant, autant que possible, la forme d'un carré long ; chaque morceau de cervelle étant bien garni de sauce sur toutes ses faces, vous l'envelopperez dans de la crépinette de cochon. Vous les mettrez ensuite sur un plat que vous couvrirez avec un four de campagne ; servez ces cervelles aussitôt qu'elles auront pris une belle couleur.

Cervelles de bœuf en marinade.

Lorsque les cervelles de bœuf sont épluchées et blanchies comme il est dit ci-dessus à l'article *Cervelle de bœuf au beurre noir*, il faut les faire cuire dans une marinade, puis les tremper dans une pâte à frire, et les mettre dans de la friture bien chaude. Dressez les cervelles en rocher, et mettez un peu de persil frit au sommet.

Cervelles de bœuf en matelote.

Les cervelles de bœuf étant cuites, on les fera égoutter ; d'autre part on fera revenir dans du beurre de petits ognons bien épluchés et entiers. Lorsque les ognons seront d'un beau jaune, on les saupoudrera avec un peu de farine ; on les mouillera avec le vin dans lequel les cervelles auront cuit, et que l'on aura passé au tamis, et l'on ajoutera des champignons cuits. Ce ragoût étant terminé, on le verse sur les cervelles que l'on a dressées.

Cervelles de bœuf en mayonnaise.

Les cervelles de bœuf étant préparées, faites-les égoutter, coupez-les par morceaux d'égale grosseur et dressez-les en couronne. D'autre part vous aurez préparé une mayonnaise que vous verserez sur les cervelles, vous la décorerez convenablement, et vous ferez autour un cordon de gelée de viande bien clarifiée.

Cervelles de bœuf à la poulette.

Faites cuire les cervelles de bœuf comme il est dit ci-dessus, et mettez-les dans une sauce allemande, à laquelle vous aurez ajouté des champignons. Au moment de servir, finissez le ragoût avec un peu de beurre fin et un jus de citron.

Cervelles de bœuf à la sauce aurore.

Epluchez, faites blanchir et cuire les cervelles ; faites-les égoutter, coupez-les en morceaux d'égale grosseur, et dressez-les sur une sauce aurore.

Cervelles de bœuf à la sauce piquante.

Les cervelles de bœuf étant préparées et cuites, dressez-les sur une sauce piquante.

Cervelles de bœuf à la sauce tomate.

Faites cuire et égoutter les cervelles de bœuf comme ci-dessus, et dressez-les sur une sauce tomate italienne.

Côte de bœuf braisée.

Parez convenablement une côte de bœuf bien épaisse, piquez-la avec des lardons de moyenne grosseur que vous aurez bien assaisonnés de sel, poivre et fines herbes ; liez cette côte avec une ficelle, pour que l'os ne se détache pas de la viande, et faites-la cuire dans du consommé avec quelques carottes, autant d'ognons et un bouquet garni. On peut servir la côte de bœuf cuite de la sorte, sans autre assaisonnement qu'un peu de fond de cuisson que l'on met dessous après l'avoir dégraissé, passé et fait réduire ; on peut aussi, lorsqu'elle

6..

est cuite de cette façon, la mettre aux mêmes sauces ou l'entourer des mêmes garnitures que la *queue de bœuf.*

Côte de bœuf aux épinards.

Mettez la côte de bœuf à la broche, ôtez-la lorsqu'elle est cuite à l'anglaise, c'est-à-dire un peu saignante, et dressez-la sur des épinards au jus.

Côte de bœuf à la gelée.

La côte de bœuf étant parée, vous la piquerez avec du lard et du jambon, puis vous la ficellerez pour qu'elle conserve sa forme, et vous la mettrez dans une casserole avec des parures de viande, du lard, un pied de veau, du poivre et du sel, un bouquet garni, et vous mouillerez le tout avec une chopine de vin blanc et un peu d'eau-de-vie. Cela doit bouillir pendant quatre ou cinq heures, avec feu dessous et dessus; ôtez ensuite la côte et faites-la égoutter; passez et dégraissez le fond de cuisson, et clarifiez-le en y mêlant un blanc d'œuf battu dans de l'eau; passez de nouveau le fond; donnez-lui une belle couleur avec du caramel, et laissez-le refroidir.

Déficelez et dressez la côte de bœuf, et décorez-la avec cette gelée, que vous couperez en morceaux d'une forme agréable.

Côte de bœuf à la provençale.

La côte de bœuf étant parée et piquée de moyens lardons bien assaisonnés, faites-la sauter dans de l'huile sur un feu très-ardent; lorsqu'elle sera cuite à moitié, vous couvrirez la casserole et vous mettrez du feu sur le couvercle, en ayant soin de diminuer un peu celui du fourneau, de peur que la côte ne brûle. D'autre part faites frire dans de l'huile des ognons coupés par tranches minces, et lorsqu'ils seront bien jaunis, vous ajouterez à l'huile dans laquelle ils auront cuit du sel et du poivre, un peu de bouillon et un filet de vinaigre. Dressez la côte de bœuf et versez cette préparation dessus.

Côte de bœuf à la purée d'ognons.

Faites cuire une côte de bœuf, comme il est dit à l'article *Côte de bœuf braisée*, dressez-la, et versez dessus une purée d'ognons.

Entre-côte au jus.

On peut couper l'entre-côte entre deux os de côtes; mais pour qu'elle ait une belle forme et soit plus forte, il faut désosser une côte de bœuf, et ne laisser que l'extrémité de l'os. Battez cette côte; faites-la mariner pendant quelques heures dans de l'huile où vous aurez mis des tranches d'ognons, du persil en branche, des tranches de citron, du poivre et du sel. Faites griller ensuite cette entre-côte, et dressez-la sur un peu de jus de viande.

Entre-côte à la sauce hachée.

Préparez une sauce hachée, et versez-la sur l'entre-côte, que vous aurez fait cuire de la même manière que la précédente.

Entre-côte à la sauce piquante.

Faites cuire l'entre-côte comme il est dit ci-dessus, dressez-la et versez dessus une sauce piquante.

Filet d'aloyau braisé.

Parez un filet mignon ; ôtez-en la graisse et la peau qui le recouvre ; assaisonnez des lardons avec du sel, du poivre et des fines herbes ; piquez votre filet avec, et mettez-le dans une brasière que vous aurez foncée avec des bardes de lard ; ajoutez des débris et parures de viande, un bouquet garni, deux ou trois carottes, autant d'ognons ; mouillez avec du consommé ; et faites cuire le tout à petit feu. Dressez le filet ainsi cuit ; glacez-le, et mettez dessous un peu de son fond de cuisson que vous aurez passé, dégraissé et fait réduire.

Filet d'aloyau aux concombres.

Le filet étant braisé, dressez-le sur des concombres coupés par morceaux, sautés au beurre, et cuits dans un mélange de velouté et de blond de veau.

Filet d'aloyau aux cornichons.

Parez le filet avec soin, piquez-le de lard fin, et faites-le cuire à la broche. Mettez dans une casserole un peu de sauce espagnole. Dressez votre filet lorsqu'il sera rôti, et mettez une sauce dessous.

Filet d'aloyau aux ognons glacés.

Faites cuire le filet comme il est dit à l'article *filet d'aloyau braisé* ; dressez-le, glacez-le, et entourez-le d'ognons glacés.

Filet d'aloyau à la sauce tomate.

Parez ce filet, piquez-le de lard fin, et ficelez-le de manière à lui donner la forme d'un serpent. Faites-le cuire comme ci-dessus ; dressez-le, et masquez-le avec une sauce italienne.

Filet de bœuf à la broche.

Piquez de lard fin un filet de bœuf que vous aurez bien paré, embrochez-le ; faites-le tourner pendant une heure et demie, et servez-le avec un peu de jus de viande dessous.

Filet de bœuf en hachis.

Lorsque le filet de bœuf rôti est refroidi, il ne peut être réchauffé sans perdre beaucoup de sa qualité; pour parer à cet inconvénient, lorsqu'il reste du filet de bœuf rôti, on peut, le lendemain, en faire un hachis. Pour cela, on ôte la graisse du filet, on en extrait les lardons, et l'on hache la viande bien menue. On fait ensuite bouillir de la sauce espagnole; lorsqu'elle bout, on jette dedans la viande hachée, et on laisse bouillir le tout jusqu'à ce que la sauce soit réduite de moitié. Le hachis étant dressé, on l'entoure de croûtons frits dans du beurre, et on le sert le plus chaud possible.

Filet de bœuf aux laitues.

Le filet étant braisé, dressez-le, glacez-le, et entourez-le de laitues cuites.

Filet de bœuf à la polonaise.

Après avoir aminci un filet de bœuf, et une quantité d'ognons égale au filet, on fait un lit d'ognons au fond d'une casserole que l'on a bien beurrée, puis sur ce lit d'ognons un lit de filet émincé, et ainsi de suite, en ayant soin de mettre entre chaque lit un peu de poivre, sel, muscade et cannelle en poudre. On fait cuire cette préparation au four, puis on mêle bien le tout, on le dresse et on verse dessus de la sauce espagnole réduite.

Filet de bœuf sauté aux champignons.

Le filet étant sauté, comme il est dit ci-après, dressez-le; mettez dans le plat à sauter des champignons que vous aurez fait cuire dans un blanc, versez dessus un peu de sauce espagnole; et, cette préparation étant chaude, vous en masquerez le filet.

Filet de bœuf sauté dans sa glace.

Coupez le filet par morceaux d'un demi-pouce d'épaisseur; parez et aplatissez ces morceaux; mettez-les dans un plat à sauter avec un morceau de beurre, et faites-les sauter sur un feu ardent, en ayant soin, lorsqu'ils sont d'un côté, de les retourner de l'autre; les morceaux étant entièrement cuits, on les dresse, on ôte le beurre, on le remplace par un peu de glace de viande que l'on fait chauffer, et que l'on verse sur les morceaux de filet.

Filet de bœuf à la provençale.

Opérez comme il est dit ci-apres, en remplaçant le beurre par l'huile, et en ajoutant un peu d'ail dans la sauce aux truffes.

Filet de bœuf sauté aux truffes.

Faites sauter le filet de bœuf; lorsqu'il sera cuit, vous le dresserez; vous mettrez dans le plat à sauter une sauce aux truffes, préparée comme il est dit au chapitre III, et lorsqu'elle sera bien chaude et qu'elle sera bien mêlée avec

le beurre que vous aurez laissé sur le plat à
sauter, vous la verserez sur le filet.

Gras-double en atelets.

Faites cuire le gras-double comme il est dit
ci-après, à l'article *Gras-double à la poulette;*
coupez-le par petits morceaux ; coupez de la
même manière un jambon cuit et des champignons cuits, et embrochez ces morceaux avec
des atelets, en mettant successivement un morceau de jambon, un morceau de gras-double et
des morceaux de champignon. Faites réduire
une sauce italienne, et ajoutez-y une liaison de
jaunes d'œufs, afin qu'elle soit bien épaisse.
Versez cette sauce sur les atelets, de manière
que le gras-double, les champignons et le
jambon en soient bien couverts, et laissez refroidir le tout. Trempez ensuite vos atelets
ainsi garnis dans du beurre à peine fondu,
puis dans de la mie de pain, puis encore dans
des œufs battus et assaisonnés comme pour
une omelette, et une seconde fois dans de la
mie de pain. Mettez les atelets dans de la friture bien chaude, et lorsqu'ils seront bien
jaunes, vous les dresserez sur une sauce tomate.

Gras-double en crépinettes.

On coupe en morceaux carrés très-petits des
champignons, du gras-double et du petit lard;
jetez le tout dans des jaunes d'œufs bien battus et assaisonnés de sel, poivre et muscade;
ajoutez-y de la mie de pain, et mêlez bien le
tout de manière à en former une espèce de
pâte. Divisez cette préparation par portions,

et enveloppez chaque portion dans une crépinette de cochon ; faites-les griller sur un feu
doux, couvrez-les avec le four de campagne
pour leur faire prendre couleur, et servez-les
avec un peu de sauce tomate dessous.

Gras-double à la lyonnaise.

Le gras-double étant cuit comme il est dit à
l'article suivant, on le coupe par petits morceaux ; puis on fait frire des ognons coupés en
filets ; lorsqu'ils sont de belle couleur, on les
mêle avec le gras-double ; on laisse rissoler le
tout pendant quelques minutes, et on le sert
sans autre assaisonnement.

Gras-double à la poulette.

Après avoir bien gratté et lavé le gras-double, il faut le laisser tremper dans de l'eau
pendant plusieurs heures ; quand il est bien
propre, on le fait blanchir dans de l'eau et du
sel, puis on le met dans une marmite avec du
lard, des parures de viande, un bouquet garni, de l'ail, du sel et du poivre, deux ou trois
ognons coupés en tranches, autant de carottes, du piment, des clous de girofle ; on
mouille le tout avec du vin blanc et du consommé, par égales parties, et on le fait bouillir à grand feu pendant huit heures au moins.
Ensuite on fait égoutter le gras-double, on le
coupe par petits morceaux auxquels on donne
une forme agréable, et l'on met ces morceaux
dans une casserole avec du beurre, un peu de
persil haché, des champignons coupés par
morceaux, du sel, du poivre, un peu de muscade ; on fait jeter un bouillon à cette prépa-

ration; puis on lie la sauce avec des jaunes d'œufs, on ajoute un jus de citron, et après avoir dressé le gras-double, on l'entoure avec des croûtons frits dans le beurre.

Gras-double à la provençale.

Le gras-double étant cuit comme il est dit plus haut, frottez-le avec du beurre et faites-le griller sur le gril. D'autre part vous mettrez dans une casserole de l'huile, du vinaigre, de l'ail et du persil hachés, du poivre et du sel, et vous ferez bouillir ce mélange. Le gras-double étant grillé et de belle couleur, dressez-le, et versez cette sauce dessus.

Gras-double à la sauce Robert.

Coupez de l'ognon en petits dés, et passez-le sur le feu avec un peu de beurre; quand il est à moitié cuit, mettez dans la même casserole du gras-double coupé en petits morceaux carrés et cuit comme il est dit à l'article *gras double à la poulette;* ajoutez du sel, du poivre, un peu de bouillon et un filet de vinaigre; laissez bouillir le tout pendant une demi-heure, et, quelques instans avant de servir ajoutez-y un peu de moutarde.

Langue de bœuf en atelets.

Après avoir fait cuire une langue de bœuf comme il est dit à l'article *Langue de bœuf braisée,* vous la couperez en petits morceaux et jetterez ces morceaux dans une sauce italienne réduite et liée avec des jaunes d'œufs. Le tout étant froid, et les morceaux de langue se trouvant bien garnis de sauce, il faut les embrocher avec un atelet; on trempe ensuite l'atelet tout garni dans du beurre tiède, puis dans de la mie de pain, puis encore dans des œufs battus et assaisonnés, et, en dernier lieu, dans de la mie de pain très-fine; et on fait ensuite griller les morceaux de langue ainsi embrochés, ou on les fait frire.

Langue de bœuf braisée.

Il faut faire d'abord dégorger et blanchir la langue de bœuf, puis on la pare, on la pique avec de gros lardons bien assaisonnés, on la met dans une casserole avec des bandes de lard, des parures de viande, quelques carottes et ognons, un bouquet garni; on mouille avec du bouillon et l'on met le tout sur un feu ardent. On reconnaît que la langue est cuite, en la sondant avec un couteau, et lorsque la peau s'en détache, il faut alors la retirer du feu, en ôter la peau, la fendre en deux, sans cependant séparer entièrement les deux morceaux, et la dresser sur un plat avec une sauce quelconque.

Langue de bœuf en cartouches.

La langue de bœuf étant braisée, coupez-la par tranches épaisses d'un pouce, et versez dessus une sauce préparée comme il est dit à l'article précédent. Le tout étant refroidi, on enveloppe chaque morceau de langue garni de sauce dans une barde de langue, puis dans une feuille de papier huilé, en donnant à chaque morceau ainsi enveloppé la forme d'une cartouche; puis on fait prendre couleur à ces papillottes sur le gril , et on les dresse en forme de bûcher.

Langue de bœuf aux champignons.

Après avoir fait sauter dans du beurre des champignons bien tournés , jetez-les dans un mélange de sauce espagnole et de consommé que vous aurez fait réduire ensemble , et versez cette préparation sur la langue de bœuf , que vous aurez dressée comme il est dit ci-après à l'article *Langue de bœuf aux épinards*.

Langue de bœuf aux cornichons.

Faites cuire la langue comme il est dit à l'article *Langue de bœuf braisée ;* dressez-la et versez dessus une sauce piquante où vous aurez mis beaucoup de cornichons.

Langue de bœuf à l'écarlate.

Mettez une langue de bœuf dans un vase, et couvrez-la de salpêtre; ajoutez du gros poivre, quelques feuilles de laurier, un peu de basilic et de thym, et versez sur le tout de l'eau bouillante bien salée. La langue doit passer plusieurs jours dans cette saumure , après quoi on la fait dégorger dans l'eau fraîche, et on la fait cuire à la braise , en ayant soin de la saler fortement.

Langue de bœuf aux épinards.

La langue de bœuf étant braisée, on la coupe en morceaux auxquels on donne une forme agréable; on presse ces morceaux en forme de couronne , et l'on verse au milieu du plat des épinards au jus.

Langue de bœuf fourrée.

Faites dégorger, et nettoyez convenablement un gros boyau de bœuf, introduisez dans
ce boyau une langue de bœuf que vous aurez
fait blanchir ; liez les deux extrémités du
boyau, et mettez cette langue dans la saumure, comme il est dit à l'article *Langue de
bœuf à l'écarlate*. Lorsque la langue aura
passé dix ou douze jours dans cette saumure,
accrochez-la dans une cheminée, et brûlez
dessous des herbes aromatiques.

Langue de bœuf au gratin.

Après avoir fait dégorger et blanchir une
langue de bœuf, faites-la cuire à la braise, ôtez-
en la peau, laissez-la refroidir et coupez-la en
tranches. Hachez du persil, de la ciboule,
quelques échalottes, un peu d'estragon, des
câpres et un anchois; faites tremper un peu de
pain mollet dans du bouillon; mettez le tout
dans un mortier, et pilez-le en ajoutant un peu
de beurre; garnissez le fond d'un plat d'argent
de cette farce, mettez les tranches de langue
sur cette farce, couvrez-la avec la même farce,
arrosez le tout avec du beurre fondu et un peu
de bouillon, puis posez ce plat sur un feu
doux, et couvrez-le avec le four de campagne.

Langue de bœuf en papillottes.

La langue étant cuite comme ci-dessus, on
la coupe par morceaux auxquels on donne la
forme que l'on veut, puis on met dessus des
fines herbes à papillotes, et l'on enveloppe cha-

que morceau de langue dans un papier huilé, en ayant soin de mettre une bande de lard dessus et dessous. Les bords du papier doivent être pliés et serrés de manière que ce qu'il contient ne puisse s'échapper. Quelques instans avant de servir, on met ces papillotes sur le gril.

Langue de bœuf en paupiettes.

La langue de bœuf étant braisée, coupez-la par petites bandes de deux pouces de large ; étendez sur ces bandes de la farce cuite ; vous recouvrirez la farce avec une bande de tétine de veau cuite, et sur la tétine vous ferez une nouvelle couche de farce. Toutes les petites bandes de langue étant préparées de la sorte, roulez-les et dressez-les sur un plat dont vous aurez garni le fond avec de la farce. Couvrez le tout avec des bandes de lard, et mettez le plat sous le four de campagne. Otez-le au bout de vingt minutes, enlevez les bandes de lard et versez sur la langue une sauce à l'italienne.

Langue de bœuf à la sauce hachée.

Faites cuire la langue de bœuf à la braise, dressez-la et versez dessus une sauce hachée.

Noix de bœuf à l'étouffade.

La noix de bœuf étant bien parée, on la pique avec du jambon et du lard coupés en lardons de moyenne grosseur, et faites-la cuire dans une casserole avec quelques ognons, autant de carottes, un bouquet garni, du sel et du poivre et un demi-setier de vin blanc. La

noix du bœuf étant cuite, on la fait égoutter ;
on dégraisse et l'on passe le fond de cuisson,
puis on y ajoute quelques cuillerées de sauce
espagnole, et l'on fait réduire ce mélange
jusqu'à ce qu'il soit épais comme du sirop.
Dressez la noix de bœuf, versez dessus le mélange de fond de cuisson et de sauce espagnole
que vous aurez fait réduire.

Palais de bœuf à l'allemande.

Faites réduire du velouté; liez-le avec des
jaunes d'œufs, et jetez dedans des palais de
bœufs cuits comme il est dit à l'article *Palais
de bœuf à la lyonnaise*, et coupés par petits
morceaux.

Palais de bœuf en atelets.

Voyez *Langue de bœuf en atelets*, et opérez de la même manière pour les palais.

Palais de bœuf à la béchamel.

Les palais étant cuits et coupés, comme il est
dit à l'article *Palais de bœuf à la lyonnaise*,
on les dresse, et l'on verse dessus une sauce à
la béchamel.

Palais de bœuf au beurre d'anchois.

Mettez un peu de beurre d'anchois dans
une sauce espagnole bien réduite, versez le
tout sur les palais cuits, et dressez comme il
est dit à l'article *Palais de bœuf à la lyonnaise*.

Palais de bœuf en crépinettes.

Faites cuire dans du beurre des ognons coupés en petits morceaux carrés, avec un peu de

muscade, d'ail, de laurier, du sel et du poivre. Les ognons étant cuits, vous verserez dessus un peu de velouté, mêlez le tout avec des jaunes d'œufs. Jetez dans cette préparation des palais de bœuf bien cuits, comme il est dit plus haut, et coupez en morceaux carrés longs, et laissez refroidir le tout. Chaque morceau de palais se trouvant enduit de cette sauce, qui forme une espèce de pâte, vous les envelopperez de crépinettes de cochon, puis vous les ferez griller sur un feu doux, ou bien vous les mettrez sous le four de campagne, et vous les servirez avec un peu de sauce tomate dessous.

Palais de bœuf à la cromesquis.

Mettez dans une sauce allemande des champignons et des truffes coupés par petits morceaux carrés, et faites bouillir cette sauce jusqu'à ce qu'elle soit bien réduite ; mettez alors dans cette préparation des riz de veau et des palais de bœuf coupés de la même manière que les truffes et les champignons, mêlez bien le tout ensemble, en ajoutant un peu de beurre fin et de muscade. Cette préparation étant refroidie, vous la diviserez par petites portions, et vous donnerez à chacune la forme d'un petit rouleau. Enveloppez chaque rouleau dans des tranches de tétine de vache cuite et bien émincée ; trempez-les dans une pâte à frire, et mettez-les dans de la friture bien chaude Dressez-les en bûcher, et mettez un peu de persil frit au sommet.

Palais de bœuf en croquettes.

Faites cuire les palais comme il est dit à l'article *Palais de bœuf à la lyonnaise ;* coupez-les par petits morceaux, et mettez-les dans un velouté réduit auquel vous aurez ajouté un peu de beurre frais et des jaunes d'œufs ; divisez cette préparation par petits tas ; laissez-les refroidir, et roulez-les en les saupoudrant de mie de pain ; passez ensuite ces croquettes, en les trempant dans du beurre fondu et dans de la mie de pain, puis dans des jaunes d'œufs bien assaisonnés et encore dans de la mie de pain, puis faites les frire, et servez-les de belle couleur.

Palais de bœuf émincé.

Coupez des ognons en tranches bien minces ; faites-les revenir dans le beurre jusqu'à ce qu'ils soient bien jaunes, versez dessus un peu de consommé, autant de sauce espagnole ; faites bouillir le tout doucement ; ajoutez-y un peu de beurre bien frais et un peu de sucre. D'autre part vous aurez émincé vos palais de bœuf ; vous les mettrez dans cette préparation, après quoi vous ferez encore mijoter le tout pendant quelques instans, puis vous dresserez votre émincé, et vous ferez autour un cordon de croûtons bien jaunes.

On fait l'émincé de palais de bœuf aux champignons ; il suffit, pour cela, de substituer les champignons aux ognons, et à la sauce allemande, la sauce espagnole.

Palais de bœuf en filets.

Faites dégorger et blanchir des palais de bœuf, parez-les et les débarrassez de leurs peaux ; puis vous les couperez par filets et les ferez mariner dans de l'huile avec du poivre, du sel, persil, ciboule, ail et champignons hachés; parez ces filets en les trempant successivement dans de la mie de pain et dans des œufs battus; faites-les griller, et les servez avec une sauce piquante dessous.

On prépare de la même manière les *palais de bœuf marinés* et les *palais de bœuf grillés.*

Palais de bœuf au gratin.

Voyez *Langue de bœuf au gratin*, et servez-vous du même procédé pour les palais.

Palais de bœuf à l'italienne.

Après avoir fait cuire vos palais, comme il est dit à l'article *Palais de bœuf à la lyonnaise*, vous les dresserez sur un plat, en faisant d'abord un lit de fines herbes à papillottes, mêlées avec un peu de farine, puis un lit de palais, un lit de tétine de veau cuite comme les palais, et un lit de farine, etc.; semez de la mie de pain sur le tout; arrosez-la avec du beurre fondu et un peu de vin blanc; posez ce plat sur un feu doux, couvrez-le avec un four de campagne, et lorsque cela sera de belle couleur, servez-le après avoir versé dessous un peu de sauce italienne bien réduite.

Palais de bœuf à la lyonnaise.

Les palais de bœuf étant dégagés, blanchis et rafraîchis, il faut les mettre sur le gril jusqu'à ce que la peau commence à s'en détacher; on ôte cette peau avec soin, puis on fait cuire les palais de bœuf dans un blanc; lorsqu'ils sont cuits, on les coupe par morceaux, et on les jette dans une purée d'ognons, bien chaude.

Palais de bœuf en paupiettes.

Vos palais étant préparés, comme ci-dessus, vous opérez, pour finir, comme il est dit à l'article *Palais de bœuf en paupiettes.*

Pièce d'aloyau à la broche.

Parez un aloyau en le débarrassant des peaux et des os saillans, et faites-le mariner pendant vingt-quatre heures dans de l'huile avec du sel et du poivre, des tranches de citron et d'ognon, du persil en branches et une gousse d'ail coupée en morceaux. Retournez l'aloyau de temps en temps. Ficelez-le ensuite, mettez-le à la broche, enveloppez-le avec du papier huilé, et faites-le cuire. Quelques minutes avant de le débrocher, on ôte le papier et l'on rend le feu un peu plus ardent, afin que l'aloyau prenne couleur. Dressez l'aloyau ainsi mis sur un peu de jus de viande, ou bien servez en même temps dans une saucière une sauce hachée ou une sauce piquante.

Queue de bœuf aux champignons.

La queue de bœuf étant cuite comme il est dit ci-après, faites-la égoutter; faites ensuite revenir dans du beurre, des champignons blancs bien tournés et blanchis; saupoudrez-les de farine, et mouillez avec un peu de fond de cuisson de la queue. Ce ragoût étant terminé, versez-le sur la queue de manière à ce qu'elle en soit masquée.

Queue de bœuf aux choux.

Mettez dans une marmite des choux que vous aurez fait blanchir, des carottes et quelques navets, du lard, des parures de viande, un bouquet garni; mouillez le tout avec de bon bouillon, et faites cuire. Dressez ensuite une queue de bœuf que vous aurez fait cuire comme il est dit à l'article *Queue de bœuf à la purée*, entourez-la de choux, de carottes et de navets, de manière que cela ait une forme agréable, et versez sur le tout un peu de sauce espagnole que vous aurez fait réduire.

Queue de bœuf en matelote.

Après avoir coupé une queue de bœuf par morceaux, vous la ferez blanchir, puis vous la ferez cuire dans une casserole avec quelques carottes, autant d'ognons coupés par tranches, un bouquet garni, du sel et du gros poivre, le tout mouillé avec du vin blanc. La cuisson achevée, passez le fond de cuisson au tamis et faites égoutter la queue. D'autre part, vous aurez fait revenir dans du beurre des petits ognons entiers, jusqu'à ce qu'ils aient pris une belle couleur jaune, jetez un peu de farine sur ces ognons, mouillez-les avec le fond de cuisson de la queue, et ajoutez-y des champignons. Ce ragoût étant achevé, dressez la queue de bœuf et versez le ragoût dessus.

Queue de bœuf aux navets.

La queue de bœuf étant cuite comme il est dit à l'article *Queue de bœuf à la purée*, faites-la égoutter, puis vous ferez cuire, dans le même fond de cuisson, des navets que vous

aurez tournés de manière à ce qu'ils soient tous
de la même grosseur ; dressez les navets ainsi
cuits, faites réduire le fond de cuisson, et
versez-le dessus ; arrangez sur le tout les morceaux de queue, glacez-les et servez.

Queue de bœuf aux ognons glacés.

Faites cuire la queue comme il est dit ci-
dessus ; dressez-la, arrangez autour de petits
ognons glacés, et versez sur le tout une sauce espagnole.

Queue de bœuf à la purée.

Coupez la queue de bœuf par morceaux,
faites-la blanchir, puis cuire dans du consommé avec des ognons, carottes, bouquet garni ;
cela doit bouillir quatre ou cinq minutes. La
queue étant bien cuite, faites-la égouter,
dressez-la sur un plat et versez dessus une purée de lentilles ou de pois, ou une purée de
racine quelconque.

Queue de bœuf à la Sainte-Menehould.

La queue de bœuf étant cuite comme il est
dit ci-dessus, trempez-la dans du beurre tiède,
puis dans de la mie de pain, panez-la une seconde fois de la même manière, et faites-la
griller. Dressez-la lorsqu'elle sera de belle couleur et mettez dessous un peu de viande.

Queue de bœuf à la sauce tomate.

Faites cuire la queue de bœuf comme il est
dit à l'article précédent, et masquez-la avec
une sauce tomate italienne.

Roast-Beef.

Faites cuire un aloyau comme il est dit à

l'article *Pièce d'aloyau à la broche ;* seulement, laissez-le un peu moins de temps au feu, afin qu'il soit saignant à l'intérieur; dressez-le, et le garnissez avec des pommes de terre entières, cuites dans de l'eau bien salée.

Rognon de bœuf sauté.

Après avoir coupé un rognon de bœuf en petits morceaux bien minces, et en avoir extrait la graisse autant que possible, on le met dans un plat à sauter ou une poèle, et on le fait sauter au beurre; puis on ajoute du poivre et du sel, du persil, des échalottes, des champignons hachés, et un peu de muscade râpée; le tout étant bien mêlé, on le saupoudre avec un peu de farine, on mouille avec un peu de vin blanc et autant de sauce espagnole. Lorsque cette préparation a jeté quelques bouillons, on la retire du feu et l'on y ajoute un peu de citron.

CHAPITRE IV.

—

DU VEAU.

Blanquette de veau

Faites réduire du velouté, et mettez dedans des champignons et du veau rôti froid ; que vous aurez coupé par petits morceaux peu épais. Le tout étant bien chaud, ôtez-le du feu, liez-le avec des jaunes d'œufs, ajoutez-y un jus de citron et servez.

Blanquette de veau à la Perigueux.

Coupez du veau rôti froid, et mettez-le dans une sauce allemande avec des champignons et des truffes que vous aurez coupés par tranches, et fait sauter au beurre ; le tout étant bien chaud, dressez-le, et mettez autour des quenelles de veau frites.

Carré de veau à la broche.

Parez un carré de veau, embrochez-le avec un atelet, et attachez-le sur la broche ; servez-le de belle couleur, avec un peu de jus clair dessous.

Carré de veau en papillotes.

Piquez un carré de veau avec du lard, et

faites-le cuire dans son jus avec du beurre, des fines herbes, des truffes et des champignons hachés. Otez ensuite le carré, et versez sur les fines herbes une chopine de vin blanc et un petit verre d'eau-de-vie, et faites bouillir le tout sur un feu très-ardent, jusqu'à ce que cela soit réduit à glace; mettez sur cette glace un peu de sauce allemande, mêlez bien le tout; versez-le sur le carré de veau, et laissez-le refroidir. Couvrez-le de bardes de lard, enveloppez-le dans du papier huilé, et faites-le griller sur un feu très-doux. On le sert sans en ôter le papier.

Carré de veau piqué.

Piquez un carré de veau avec du lard moyen, et faites le cuire dans une casserole avec quelques carottes et ognons, un bouquet garni, le tout mouillé avec du bouillon. Lorsque le carré de veau sera cuit, vous le ferez égoutter, vous le glacerez, et vous le dresserez sur une sauce tomate.

Cervelles de veau au beurre noir.

Préparez des cervelles de veau, et faites-les cuire dans un blanc, comme il est dit à l'article *Cervelles de veau poélées;* puis dressez-les et versez dessus un beurre noir.

Cervelles de veau en coquilles.

Après avoir bien épluché les cervelles de veau, et les avoir fait dégorger, il faut les couper par petits morceaux, et les mettre dans une casserole avec des truffes et des champignons coupés de la même manière; on mouille

ensuite le tout avec du vin blanc, et on le fait
bouillir jusqu'à ce que le vin soit tari ; d'autre
part on fait une sauce composée de moitié velouté, moitié sauce allemande, un jus de citron, du persil haché, un peu de beurre fin ,
et lorsque cette sauce a bouilli pendant quelques secondes, on met dedans les cervelles,
les truffes et les champignons. Il faut ensuite
remplir des coquilles avec cette préparation ,
semer sur la superficie un peu de fromage de
Parme râpé et les arroser avec du beurre tiède. Quelques instans avant de servir ces coquilles, on les pose sur un feu doux et on les
couvre avec un four de campagne.

Cervelles de veau en crépinettes.

Faites cuire les cervelles de veau comme il
est dit à l'article *Cervelles de veau poélées* ,
et coupez-les ensuite en deux; coupez en morceaux carrés quelques gros ognons , et faites-
les cuire dans du beurre avec de la muscade
râpée, du sel et du poivre, une feuille de laurier et un peu d'ail. Lorsque ces ognons seront
bien jaunes, vous les mouillerez avec du velouté, et vous ferez bien bouillir le tout pendant quelques instans. Otez ensuite cette préparation de dessus le feu, liez-la avec des jaunes d'œufs, et mettez dedans les cervelles
cuites et coupées comme nous venons de le
dire , et laissez refroidir le tout. Prenez l'un
après l'autre les morceaux de cervelle ; ayez
soin qu'ils soient bien garnis de tout côté de
la préparation que nous venons d'indiquer, et
enveloppez chaque morceau dans de la crépi-

nette de cochon. Faites prendre couleur sur le gril ou sur le four de campagne, et dressez ces cervelles sur une sauce tomate, ou avec un peu de jus de viande.

Cervelles de veau en cromesquis.

Faites cuire des cervelles de veau dans un blanc, et coupez-les par petits morceaux carrés; coupez de la même manière des truffes et des champignons que vous aurez fait blanchir, et mettez le tout dans une sauce allemande, puis faites bouillir cette sauce jusqu'à ce qu'elle soit réduite de moitié; ajoutez-y ensuite un peu de muscade râpée, un peu de beurre fin, et laissez refroidir cette préparation, après avoir bien mêlé le tout ensemble, divisez-la ensuite par petites parties auxquelles vous donnerez la forme de petits bâtons, enveloppez chaque petit bâton dans une tranche de tétine de vache, trempez-les dans de la pâte à frire et mettez-les dans de la friture modérément chaude; dressez-les en bûcher dès qu'ils seront de belle couleur, et mettez dessus un peu de persil frit.

Cervelles de veau frites.

Les cervelles de veau étant cuites comme il est dit à l'article *Cervelles de veau poêlées*, faites-les égoutter, laissez-les refroidir, et coupez-les par morceaux, faites-les ensuite mariner dans du vinaigre avec du sel, du poivre et du persil en branche, puis trempez-les dans une pâte à frire préparée, et faites-les frire dans une friture modérément chaude;

dressez les cervelles en rocher , et mettez un peu de persil frit au sommet.

Cervelles de veau à la hollandaise.

Après avoir fait dégorger des cervelles de veau , et les avoir bien épluchées , faites-les cuire dans un *blanc*, et dressez-les en couronne , en mettant successivement une cervelle et une grosse écrevisse. Pendant que les cervelles cuiront, vous ferez une sauce ravigote à laquelle vous joindrez un peu de velouté ; vous donnerez de la couleur à cette sauce avec du vert d'épinards, et vous la verserez sur les cervelles et les écrevisses.

Cervelles de veau à la maître-d'hôtel.

Faites dégorger des cervelles de veau, épluchez-les, et enlevez-en avec soin les fibres et les peaux , puis faites-les cuire dans un blanc Dressez les cervelles ainsi cuites , et versez dessus une maître-d'hôtel froide.

Cervelles de veau en matelote.

Les cervelles étant bien épluchées et dégorgées , mettez-les dans une casserole avec un bouquet garni , du sel et du poivre, moitié vin blanc et moitié bouillon ; faites bouillir le tout pendant trois quarts d'heure ; lorsqu'elles seront cuites, vous verserez dessus un ragoût de petites racines ; vous y ajouterez un peu de sauce espagnole, et lorsque le tout aura mijoté pendant un quart-d'heure, vous les dresserez de manière que les cervelles soient au milieu et les racines autour.

Cervelles de veau poêlées.

Mettez des cervelles de veau dans de l'eau chaude, et débarrassez-les du sang caillé, des peaux et des fibres qui les environnent; changez-les d'eau; et laissez-les dans la seconde pendant une heure ou deux; mettez-les ensuite dans un blanc, laissez-les bouillir pendant une demi-heure, puis faites-les égoutter, mettez-les dans une casserole, versez dessus une poêlée, laissez-les bouillir pendant quelques minutes, et servez.

Cervelles de veau à la provençale.

Les cervelles de veau étant cuites comme ci-dessus, coupez-les en deux, et parez-les de manière qu'elles aient une forme agréable; dressez-les en couronne, et versez dessus une mayonnaise, en y ajoutant un peu d'ail; décorez la mayonnaise avec de la gelée et des cornichons et des olives tournées.

Cervelles de veau à la sauce tomate.

Les cervelles de veau étant cuites comme il est dit à l'article *Cervelles de veau poêlées*, dressez-les sur une sauce tomate italienne.

Côtelettes de veau en crépinettes.

Parez bien les côtelettes, piquez-les avec des truffes et du lard fin, et faites-les sauter au beurre; versez dessus une sauce allemande, réduite, et laissez-les refroidir; vous les envelopperez ensuite, bien garnies de sauce, dans de la crépinette de cochon, et les ferez griller sur un feu très-doux.

Côtelettes de veau grillées.

Coupez et parez des côtelettes de veau; mettez-les dans un plat avec du sel et du poivre ,
des champignons, du persil et de la ciboule
hachés, et versez sur le tout du beurre que vous
ferez fondre. Lorsque le beurre est refroidi ,
et que les côtelettes sont bien garnies des ingrédiens dont nous venons de parler, on les
pare, et on les fait griller sur un feu doux.
Servez-les avec un peu de jus de viandes dessous.

Côtelettes de veau en lorgnette.

Piquez et faites cuire des côtelettes de veau
comme il est dit à l'article *Côtelettes de veau
piquées.* D'autre part , vous couperez des
ognons en anneaux et les ferez cuire dans du
consommé, puis vous couperez de la langue à
l'écarlate en morceaux ronds. Le tout étant
ainsi préparé, dressez les côtelettes, et arrangez dessus les anneaux d'ognon, dans lesquels
vous mettrez les ronds de langue; versez dessus un mélange de sauce espagnole et de consommé bien réduit.

Côtelettes de veau en papillottes.

Faites sauter des côtelettes de veau au beurre avec des champignons , du persil et de la
ciboule hachés ; lorsqu'elles seront aux trois
quarts cuites, vous les ôterez du feu et les
laisserez refroidir , afin que les ingrédiens
dont nous venons de parler restent autour ;
puis vous mettrez une petite bande de lard
sur chacune , et vous les envelopperez dans du

papier huilé. Faites griller les côtelettes ainsi préparées sur un feu peu ardent, et servez-les sans ôter le papier.

Côtelettes de veau piquées.

Piquez des côtelettes de veau avec du jambon et du lard fin, et faites-les cuire dans une casserole avec des bardes de lard, des parures de viande, quelques ognons et carottes, un bouquet garni, le tout mouillé avec du consommé. Lorsqu'elles seront cuites, vous les dresserez, vous les glacerez, et vous les servirez avec un peu de glace de viande dessous.

Côtelettes de veau sautées.

Les côtelettes de veau étant bien parées, arrangez-les sur un plat à sauter avec des ingrédiens indiqués à l'article *Côtelettes de veau grillées*, et faites-les sauter au beurre sur un feu vif, en ayant soin de les retourner aussitôt qu'elles seront cuites d'un côté. Dressez les côtelettes, puis vous mettrez dans le plat à sauter un peu de sauce espagnole et de la glace de viande ; vous ferez chauffer ce mélange, et le verserez sur les côtelettes.

Cuisse de veau à la hollandaise.

Prenez la plus grosse partie d'une cuisse de veau, ôtez-en l'os, piquez-la avec de la langue à l'écarlate, ficelez-la, et faites-la cuire dans une casserole avec des bardes de lard, des parures de viande, un bouquet garni, quelques carottes et ognons, le tout mouillé avec du bouillon non dégraissé. Lorsque le morceau de cuisse sera cuit, vous passerez et

dégraisserez le fond de cuisson, vous y ajouterez un peu de sauce espagnole, et vous ferez
réduire ce mélange, sur lequel vous dresserez
le morceau de cuisse, après y avoir ajouté un
jus de citron.

Cuisse de veau rôti.

Faites mariner une cuisse de veau pendant
deux jours dans du vinaigre avec du poivre et
du sel, et des herbes aromatiques; piquez-en
le dessus avec du lard moyen , et mettez-la à
la broche. Lorsque la cuisse est cuite, vous la
servez avec une sauce piquante, ou seulement
avec son jus.

Epaule de veau aux petites racines.

Désossez une épaule de veau, piquez-la avec
de gros lardons, assaisonnez l'intérieur de sel,
de poivre, épices; roulez l'épaule, friez-la, et
faites-la cuire comme l'épaule en galantine.
Lorsqu'elle sera cuite, vous la dresserez et
vous mettrez autour des carottes et des navets
bien tournés, et des petits ognons, le tout cuit
dans un mélange de sauce espagnole et de consommé.

Epaule de veau rôti.

Parez l'épaule de veau et faites-la cuire à la
broche. Servez-la de belle couleur et sans autre
sauce que son jus.

Filet de veau piqué.

Voyez l'article *Noix de veau piquée*, et
préparez le filet comme il y est dit.

Foie de veau à la broche.

Piquez un foie de veau avec des lardons de moyenne grosseur, et faites-le mariner pendant un jour entier dans de l'huile avec du sel, des tranches d'ognon, des branches de persil et des feuilles de laurier; ficelez le foie ainsi préparé, embrochez-le avec un atelet, et attachez-le sur la broche; couvrez-le d'un papier huilé que vous n'ôterez que quelques instans avant de l'ôter du feu, afin de lui faire prendre couleur.

Foie de veau étouffé.

Piquez un foie de veau, et faites-le cuire dans une casserole avec des bardes de lard dessous et dessus, des ognons, des carottes, du sel et du poivre, un bouquet garni, le tout mouillé avec un demi-setier de vin blanc et autant de consommé. Le foie étant cuit, vous le dressez, vous mettez autour les racines qui ont cuit en même temps, et vous versez dessus le fond de cuisson, après l'avoir fait réduire et l'avoir dégraissé.

Foie de veau frit.

Coupez le foie de veau par tranches minces, trempez-les dans des œufs battus et assaisonnés comme pour une omelette; puis vous les tremperez dans de la farine et les ferez frire dans de l'huile. Dressez-les sur une sauce tomate italienne.

Foie de veau sauté.

Coupez du foie de veau en petites tranches, et faites-les sauter au beurre. Lorsque le foie

sera cuit, vous l'ôterez, et vous mettrez dans
le plat à sauter un peu de sauce espagnole et
un verre de vin blanc; faites réduire ce mélange, et versez-le sur le foie.

Fraise de veau.

Après avoir fait dégorger la fraise de veau
dans de l'eau tiède, on la fait blanchir pendant
vingt minutes à l'eau bouillante, puis on la ficelle, et on la fait cuire dans un blanc auquel
on ajoute un bouquet garni et un filet de vinaigre. On fait ensuite égoutter la fraise de
veau, on la pare, et on la dresse sur une sauce piquante, ou bien seulement avec des fines
herbes hachées et un huilier.

Fricandeau.

Coupez de la rouelle de veau en tranches, et
piquez-en le dessus avec du lard fin; mettez
ces tranches dans une casserole avec deux ou
trois carottes, autant d'ognons, un bouquet
garni, un pied de veau, des parures de viande,
le tout mouillé avec du bouillon, et faites cuire cette préparation pendant quatre heures.
Faites égoutter ensuite le fricandeau : dégraissez le fond de cuisson, passez-le au tamis;
faites-le bouillir et, clarifiez-le en jetant dedans au fur et à mesure un blanc d'œuf battu
dans de l'eau; passez ce fond dans un linge
blanc, et déposez-le dans un endroit frais,
afin qu'il se forme en gelée. Le fricandeau peut
se servir froid avec des tranches de cette gelée
autour; on le sert chaud, après l'avoir glacé
avec de la glace de viande et avoir mis un peu

de jus dessous; on le sert aussi sur de l'oseille,
des épinards, de la chicorée, etc.

Godiveau.

Hachez et pilez ensemble de la chair de veau
et le double de graisse de veau, à mesure que
vous pilerez des jaunes d'œufs, du sel et du
poivre et un peu d'eau. Lorsque le tout sera
bien pilé, vous y mettrez des fines herbes;
vous mêlerez bien, et vous mettrez ce godiveau dans un endroit frais, pour vous en servir
au besoin.

Langue de veau.

Après avoir fait dégorger une langue de
veau pendant vingt-quatre heures, faites-la
blanchir et rafraîchir; piquez-la de lard fin
bien assaisonné d'épices et de fines herbes, et
mettez-la dans une casserole avec un bouquet
garni, deux carottes et deux ognons, dont un
piqué de trois clous de girofle; mouillez le
tout avec du consommé, et faites-le bouillir à
petit feu pendant quatre heures. Débarrassez
ensuite la langue de veau de la peau qui la
couvre; dressez-la sur une sauce piquante, et
glacez-la. On peut aussi remplacer la sauce
piquante par une sauce ravigote, ou une sauce poivrade.

Longe de veau à la broche.

Parez une longe de veau; embrochez-la, et
maintenez-la avec des atelets. Servez-la de belle couleur, avec un peu de jus clair dessus.

Longe de veau à l'étouffade.

Après avoir désossé une longe de veau, vous

l'assaisonnerez de sel et de poivre, puis vous
la ficellerez et vous la mettrez dans une casserole avec un fort morceau de beurre, et vous
la ferez cuire sur un feu peu ardent, et vous
aurez soin de la retourner souvent. Lorsqu'elle
sera cuite, vous la glacerez et la dresserez
sur un peu de glace de viande.

Mou de veau à la poulette.

Faites dégorger et blanchir un mou de veau,
coupez-le par morceaux, et faites-le revenir
dans du beurre; saupoudrez-le de farine, ensuite avec du bouillon, ajoutez un bouquet
garni, des champignons, des petits ognons,
et laissez cuire le tout. Dégraissez le ragoût
avant de le dresser.

Mou de veau au roux.

Il se prépare comme il est dit à l'article précédent; la seule différence consiste à le faire
revenir dans un roux.

Noix de veau en ballotine.

Faites revenir une noix de veau dans du
beurre jusqu'à ce qu'elle soit à moitié cuite,
ôtez-la ensuite; et mettez avec le beurre qui
sera resté dans la casserole, quelques cuillerées d'huile, des fines herbes et des champignons hachés, du lard râpé, du sel et du poivre; le tout étant bien revenu, vous le verserez sur la noix de veau, et laisserez refroidir.
Couvrez ensuite la noix de veau de bardes de
lard, et enveloppez-la de trois ou quatre feuilles de papier l'une sur l'autre bien huilées; ficelez cette ballotine, faites-la griller sur un

feu peu ardent, et servez-la de belle couleur, sans en ôter le papier.

Noix de veau braisée.

Piquez une noix de veau avec de moyens lardons assaisonnés de poivre, sel et fines herbes, et faites-la cuire dans une casserole avec trois ou quatre carottes, autant d'ognons; un bouquet garni, le tout mouillé avec du consommé. Lorsque la noix sera cuite, vous la glacerez et vous la servirez avec un peu de son fond de cuisson, que vous aurez passé, dégraissé et fait réduire.

Noix de veau sautée.

Coupez une noix de veau par petits morceaux peu épais, et faites-la sauter au beurre avec du sel, du poivre et des fines herbes. Dressez la viande lorsqu'elle sera cuite, et versez sur le beurre et les fines herbes un peu de velouté; mêlez bien le tout; liez cette sauce avec un jaune d'œuf, et versez-la sur la viande.

Oreilles de veau aux champignons.

Faites cuire les oreilles de veau comme il est dit à l'article *Oreilles de veau à l'italienne,* puis faites sauter au beurre des champignons bien épluchés; versez dessus un peu de consommé, autant de velouté; faites réduire ce mélange; liez-le avec des jaunes d'œufs; dressez les oreilles de veau et versez cette préparation dessus.

Oreilles de veau farcies.

Lorsque les oreilles de veau sont cuites comme il est dit ci-après, on les pare, et on remplit avec une farine cuite, ensuite on les pane en les passant successivement et à deux reprises dans des jaunes d'œufs battus et assaisonnés comme pour une omelette, et dans de la mie de pain; puis on les fait frire, et on les sert avec une sauce tomate dessous et du persil frit dessus.

Oreilles de veau à l'italienne.

Nettoyez et échaudez des oreilles de veau; faites-les blanchir et égoutter, puis faites-les cuire dans un blanc. Ciselez-en les extrémités, dressez-les, et versez dans une sauce italienne.

Oreilles de veau à la marinade.

Les oreilles de veau étant cuites comme il est dit ci-dessus, coupez-les par morceaux, et mettez-les dans une marinade pendant quelques heures, en ayant soin de les retourner de temps en temps; puis vous les tremperez dans une pâte à frire, et vous les mettrez dans la friture bien chaude. Servez-les de belle couleur avec du persil frit dessus.

Pieds de veau.

Mettez les pieds de veau dans l'eau et faites chauffer cette eau jusqu'à ce que les poils se détachent facilement. Lorsqu'ils sont entièrement débarrassés de poils, faites-les dégorger dans de l'eau fraîche, puis faites-les cuire dans une marmite avec des carottes et des ognons, un bouquet garni, du sel et du poivre, le tout mouillé avec de l'eau chaude dans laquelle vous aurez délayé un peu de farine. Servez-les, après trois heures de cuisson, avec des fines herbes hachées bien menues et un hui-lier. Les pieds de veau cuits de la sorte peu-vent se servir à la poulette comme les pieds de mouton.

Pieds de veau farcis et frits.

Les pieds de veau étant cuits comme il est dit ci-dessus, désossez-les, et remplacez les os par une farce cuite. Trempez les pieds de veau dans des œufs battus et assaisonnés com-me pour une omelette, puis dans de la mie de pain; faites-les frire, et dressez-les sur une sauce tomate.

Poitrine de veau farcie.

Il ne faut pas entièrement désosser la poi-trine, mais en extraire seulement l'os saillant; puis on fait une ouverture, et l'on introduit dans l'intérieur une farine de godiveau (*Voy. Godiveau*). On coud l'ouverture, et après avoir ficelé la poitrine, on la fait cuire. Pour cela, on fonce une casserole avec des bardes de lard; on met la poitrine par-dessus, on la recouvre par d'autres bardes. Après avoir ajou-té un bouquet garni, des ognons et des carot-tes, on saupoudre de poivre et de sel, et on mouille avec du vin blanc et du bouillon en égale quantité. On glace la poitrine lorsqu'elle est cuite, et on la dresse sur une sauce espa-gnole réduite.

9..

Poitrine de veau aux laitues.

La poitrine de veau étant parée et désossée, ficelez-la, et faites-la cuire comme il est dit à l'article ci-dessus ; dressez-la de même ; glacez-la avec un pinceau que vous tremperez dans de la glace de viande, et mettez autour des laitues cuites dans du consommé ; arrosez ces laitues avec un peu de sauce espagnole, et servez.

Poitrine de veau aux ognons glacés.

Faites cuire la poitrine comme il est dit à l'article précédent ; dressez-la et glacez-la de même, et entourez-la d'ognons glacés, sur lesquels vous mettrez un peu de sauce espagnole.

Poitrine de veau poêlée.

Il faut désosser la poitrine de veau, la ficeler de manière à ce qu'elle ne se déforme pas, et la faire cuire dans une casserole avec quelques carottes et ognons, un bouquet garni, le tout mouillé avec du bouillon. La poitrine étant cuite ainsi, peut se servir avec un peu de fond réduit et clarifié. Dans ce cas, on glace la poitrine avec de la glace de viande.

Poitrine de veau à la purée de champignons.

Faites une purée de champignons ; liez-la avec des jaunes d'œufs, dressez-la, et mettez dessus une poitrine de veau cuite comme il est dit à l'article *Poitrine de veau farcie.*

Quasi de veau.

On appelle *Quasi* le morceau qui termine le cuissot; on le met à la broche et on le sert sans autre assaisonnement que son jus.

Quenelles de veau.

Les quenelles de veau se préparent comme les quenelles de volaille. (*Voir au chapitre volaille.*)

Queues de veau.

Les queues de veau se préparent comme les queues de bœuf. (*Voir au chapitre précédent.*)

Ragoût de veau.

Faites un roux, et faites revenir dedans un beau morceau de veau. Mouillez avec de l'eau, et remuez le tout jusqu'à ce que cela bouille; ajoutez du sel, du poivre, un bouquet garni, des ognons, des carottes, des champignons, et laissez cuire le tout ensemble.

Ris-de-veau à l'allemande.

Faites dégorger et blanchir vos ris-de-veau comme il est dit à l'article suivant, coupez-les par petits morceaux minces, et faites-les cuire dans de la glace de viande mêlée de beurre fin. Faites chauffer, d'autre part, de la sauce allemande, et dès que vos ris-de-veau seront cuits, vous les jeterez dans cette sauce, en même temps que des truffes et des champignons cuits, et coupés en morceaux de la même forme. Faites bouillir le tout ensemble pendant quelques minutes, ajoutez-y, après l'avoir ôté

du feu, un jus de citron, un peu de beurre fin,
et servez.

Ris-de-veau à l'anglaise.

Faites dégorger des ris-de-veau dans de
l'eau tiède, puis faites-les blanchir et ôtez-les
de l'eau bouillante pour les jeter dans de l'eau
froide ; faites-les cuire ensuite dans du jus de
viande réduit ; passez-les ensuite à deux reprises en les trempant dans du beurre fondu
et dans de la mie de pain assaisonnée de sel
et de poivre, puis dans des œufs battus, assaisonnés comme pour une ombrelle, et encore dans de la mie de pain ; faites-les griller
et servez-les de belle couleur avec un peu de
glace de viande dessous.

Ris-de-veau en atelets.

Faites dégorger et blanchir des ris-de-veau ;
coupez-les par morceaux carrés et faites-les
cuire et refroidir dans une sauce allemande ;
mettez dans cette sauce de la tétine de veau
cuite, et coupée en morceaux. Ces morceaux
étant froids et bien garnis de sauce, vous les
embrochez avec un atelet, en mettant successivement un morceau de ris-de-veau et un
morceau de tétine. L'atelet étant entièrement
garni, vous remettez de la sauce aux endroits
où il y en a le moins, puis vous panez le tout
en le passant d'abord dans de la mie de pain,
puis dans des jaunes d'œufs battus et assaisonnés comme pour une omelette, et une seconde
fois dans de la mie de pain ; faites griller l'atelet ainsi garni sur un feu doux, et dressez-le
sur une sauce tomate italienne.

Ris-de-veau braisés.

Il faut mettre les ris-de-veau dans de l'eau tiède, et les y laisser dégorger pendant quelques heures ; puis on les fait blanchir ; en les tirant de l'eau bouillante on les jette dans de l'eau froide, et quand ils sont refroidis, on les fait égoutter. Après avoir foncé une casserole avec des bandes de lard, on met les ris-de-veau dessus, on les recouvre avec des bandes semblables, et l'on verse sur le tout une certaine quantité de beurre tiède, après quoi l'on ajoute un peu de gros poivre, quelques ognons, autant de carottes ; un bouquet garni ; l'on mouille avec du bouillon, et l'on fait cuire sur un feu modéré. Les ris étant cuits, on les fait égoutter, puis on les sert avec un peu de jus de viande réduit dessous.

Ris-de-veau en caisse.

Faites blanchir des ris-de-veau, et faites-les cuire dans une sauce allemande dans laquelle vous aurez mis des fines herbes hachées bien menu. Lorsque les ris-de-veau seront cuits, et que la sauce sera bien réduite, vous laisserez refroidir le tout ensemble, vous le mettrez ensuite dans des caisses de papier que vous aurez préparées et huilées; versez sur ces caisses un peu de sauce espagnole ; saupoudrez-en la superficie avec de la mie de pain mêlée d'un peu de fines herbes hachées; versez sur le tout un peu de beurre tiède, et quelques instans avant de servir, mettez les caisses sous le four de campagne. Il ne faut pas que le four soit trop chaud, afin que la chaleur ait le temps de pénétrer dans l'intérieur des caisses, tandis qu'elles prennent couleur à l'extérieur.

Ris de veau en coquilles.

Faites blanchir des ris-de-veau et des champignons; coupez-les en petits morceaux ronds, peu épais, et faites-les cuire dans une sauce allemande mêlée de glace de viande; lorsque le tout sera cuit, et que la sauce sera convenablement réduite, vous mettrez cette préparation dans des coquilles; vous saupoudrerez la superficie avec de la mie de pain mêlée de fromage de Parme râpé, puis vous arroserez les coquilles avec un peu de beurre tiède, et quelques instans avant de le servir, vous les mettrez sous un four de campagne modérément chaud, pour leur faire prendre couleur.

Ris-de-veau en crépinettes.

Faites dégorger, blanchir et cuire des ris-de-veau comme il est dit ci-dessus à l'article *Ris-de-veau braisés*. Vous ferez ensuite revenir dans du beurre quelques gros ognons coupés en petits morceaux carrés, en y ajoutant du sel et du poivre, de la muscade râpée, une feuille de laurier et un peu d'ail. Lorsque les ognons seront de belle couleur, vous verserez dessus un peu de velouté, vous laisserez bouillir le tout, puis vous lierez cette préparation avec des jaunes d'œufs. Coupez alors vos ris-de-veau en deux; mettez-les dans cette sauce, et laissez-les refroidir, puis enveloppez chaque morceau bien garni de sauce, dans de la cré-

pinette de cochon , faites-les griller et servez-
les avec un peu de jus de viande dessous.

Ris-de-veau à l'espagnole.

Opérez comme il est dit à l'article *Ris-de-
veau à l'allemande* , en vous servant de sauce espagnole au lieu de sauce allemande, et
en y ajoutant un peu de piment en poudre.

Ris-de-veau glacés.

Faites dégorger et blanchir des ris-de-veau
et piquez-en le dessus avec du lard très-fin.
Mettez-les ensuite dans une casserole avec des
bardes de lard dessous et dessus , des parures
de viande, un jarret de veau , quelques carottes et ognons, un bouquet garni , des clous de
girofle , une feuille de laurier ; mouillez le tout
avec du bouillon, de manière que le bouillon
ne couvre pas tout-à-fait les ris-de-veau ;
étendez à la surface un rond de papier beurré ,
et faites cuire avec feu dessous et feu dessus.
Une heure de cuisson suffit ; on dresse ensuite
les ris, qui doivent être de belle couleur , sur
une sauce tomate italienne, ou sur une purée
de racines.

Ris-de-veau au gratin.

Préparez et faites cuire les ris-de-veau comme il est dit à l'article *Ris-de-veau braisés* ,
coupez-les ensuite par petits morceaux ronds
et épais comme deux pièces de deux francs.
Garnissez le fond d'un plat avec de la sauce à
quenelles, et deux fois autant de sauce durcelle. Arrangez les morceaux de ris-de-veau
sur cette préparation, en ayant soin de mettre

un peu de farce cuite entre chaque morceau. .
Saupoudrez la superficie avec de la mie de
pain ; arrosez-la d'abord avec un peu de vin
blanc, et ensuite avec du beurre fondu ; puis
vous poserez le plat sur un feu modéré, et vous
le couvrirez avec un four de campagne. Lorsque cette préparation sera de belle couleur,
vous l'ôterez du feu ; vous l'arroserez avec de
la sauce espagnole bien réduite, et vous servirez.

Ris-de-veau en papillotes.

Faites cuire les ris-de-veau comme il est dit
à l'article précédent ; puis faites-les égoutter,
mettez-les sur le plat et versez dessus une sauce
durcelle. Le tout étant refroidi, vous mettrez
du jambon coupé par tranches bien minces sur
chaque ris-de-veau, et vous l'envelopperez,
ainsi garni de sauce et de tranches de jambon,
dans du papier huilé que vous plisserez tout
autour, afin qu'il ne puisse rien s'en échapper.
Quelques instans avant de servir ces papillotes,
faites-leur prendre couleur sur le gril.

Ris-de-veau sautés.

Les ris-de-veau étant dégorgés et blanchis,
il faut les couper par tranches, et les faire
sauter avec du poivre et du sel sur un feu ardent. Lorsque les ris sont cuits, et cela demande du temps, on les retire de dessus le plat
à sauter et on les dresse ; en même temps, on
met dans le plat à sauter un peu de sauce espagnole que l'on fait réduire, et l'on verse cette
sauce sur les ris-de-veau.

Rognons de veau.

Les rognons de veau se préparent de la même manière que les rognons de bœuf (*Voir au chapitre précédent.*)

Tendons de veau au blanc.

Coupez des tendons de veau par petits morceaux, tous de la même force; faites-les blanchir et égoutter; puis vous les mettrez dans une casserole, et vous les ferez revenir dans du beurre; lorsqu'ils seront bien revenus, vous les saupoudrerez de farine, vous les mouillerez avec du consommé, et vous ajouterez des petits ognons, des champignons, un bouquet garni et un peu de gros poivre. Le tout étant cuit, liez la sauce avec des jaunes d'œufs et dressez.

Tendons de veau à la jardinière.

Faites cuire les tendons comme il est à l'article *Tendons de veau poêlés*; dressez-les en couronne, mettez autour des laitues cuites dans du consommé, et dans le milieu des navets et des carottes tournés en petits bâtons et cuits comme les laitues.

Tendons de veau en marinade.

Les tendons de veau étant blanchis, vous les couperez par morceaux ronds, et vous les mettrez dans une casserole entre des bandes de lard, puis vous les mouillerez avec une marinade, et vous les ferez cuire sur un feu modéré. Lorsque les tendons seront cuits, vous les ferez égoutter, vous les tremperez dans une pâte à frire, et vous les mettez dans de la friture modérément chaude. Dressez-les lorsqu'ils seront de belle couleur, et mettez dessus un peu de persil frit.

Tendons de veau à la mayonnaise.

Coupez des tendons par petits morceaux ronds ou carrés, et faites-les cuire dans un blanc; faites-les sauter ensuite dans la glace de viande, laissez refroidir, et dressez-les en couronne; versez dessus une mayonnaise, et que vous décorerez avec des câpres, des anchois, des cornichons, etc.

Tendons de veau aux petits pois.

Faites blanchir et rafraîchir les tendons de veau, puis mettez-les dans une casserole avec un fort morceau de beurre, un bouquet garni et des petits pois. Après avoir fait revenir le tout, mouillez avec du consommé. Lorsque les petits pois seront à moitié cuits, vous y mettrez un peu de sel, un peu de sucre, et quelques cuillerées de velouté. Le tout étant cuit, dressez les tendons de veau, et versez les petits pois par dessus.

Tendons de veau poêlés.

Découvrez les tendons de veau de la chair qui les garnit; coupez-les tout près des côtes, et parez-les de manière à leur donner une forme agréable, et faites-les cuire dans une casserole avec des bandes de lard, des parures de viande, quelques carottes et ognons, un bouquet garni, le tout mouillé avec du consommé. Faites égouter ensuite les tendons, dressez-les, et saucez-les avec un peu du fond dans lequel ils auront cuit, et que vous aurez passé, dégraissé et fait réduire.

Tendons de veau à la provençale.

Parez des tendons de veau, coupez-les par petits morceaux ronds, et faites-les cuire dans un blanc ; d'autre part, vous ferez cuire dans de l'huile des ognons coupés en filet et un peu d'ail ; faites égoutter les ognons, mettez-les dans du vinaigre avec un peu de sauce à l'espagnole et du piment, et faites bouillir cette préparation pendant quelques instans. Dressez les morceaux de tendons en forme de couronne, et versez au milieu les ognons.

Tendons de veau au soleil.

Les tendons étant bien parés et coupés par morceaux, ronds ou carrés, faites-les cuire dans un blanc, parez-les ensuite en les trempant dans du beurre tiède et dans de la mie de pain, puis dans des œufs battus et assaisonnés comme pour une omelette, et une seconde fois dans de la mie de pain ; après quoi vous les ferez frire dans de la friture bien chaude ; servez-les de belle couleur, avec un peu de persil frit.

Tendons de veau en terrine.

Les tendons de veau étant parés, blanchis et rafraîchis, faites-les revenir dans du beurre, saupoudrez-les de farine ; mouillez-les avec un peu de consommé et autant de velouté ; ajoutez un bouquet garni, du gros poivre, des champignons, des petits ognons, des ris-de-veau ; des crêtes et rognons de coq. Le tout étant cuit, vous dresserez tous ces ingrédiens dans une terrine ; puis vous passerez la sauce, vous la lierez avec des jaunes d'œufs , et vous la verserez dessus.

Tendons de veau à la sauce tomate.

Faites cuire les tendons de veau comme il est dit ci-dessus à l'article *Tendons de veau poélés*, dressez-les en couronne, et versez au milieu une sauce tomate italienne.

Tête de veau farcie.

La tête de veau étant bien échaudée, comme il est dit ci-après, enlevez-en la peau avec précaution pour ne pas la couper, désossez la tête, prenez-en les bajoues, les yeux, la langue et la cervelle et faites-en une farce, en y ajoutant de la rouelle de veau, de la graisse de bœuf, du sel et du poivre, des fines herbes , thym, laurier, basilic, des jaunes d'œufs, des blancs d'œufs battus ; le tout étant bien haché et pilé, vous étendez la peau de la tête, et vous la remplissez avec cette farce, puis vous la cousez, en tâchant de lui rendre sa première forme, et après l'avoir ficelée, pour la maintenir, vous la faites cuire dans une marmite avec des carottes et des ognons, un bouquet garni, de l'ail, des clous de girofle et du gros poivre, le tout mouillé avec moitié vin blanc et moitié bouillon. Faites cuire la tête ainsi préparée pendant trois heures au moins, puis faites-la égoutter. Passez et dégraissez le fond de cuisson, mêlez-y un peu de sauce espagnole préparée comme il est dit au chapitre III, faites réduire ce mélange, ajoutez-y un filet de vinaigre, et saucez la tête de veau avec cette préparation. La tête de veau farcie se sert aussi froide et sans assaisonnement.

Tête de veau frite.

Faites cuire une tête de veau comme il est dit à l'article *Tête de veau au naturel ;* coupez-la par morceaux, et mettez ces morceaux dans une marinade pendant deux heures, en ayant soin de les retourner de temps en temps; trempez ensuite ces morceaux dans une pâte à frire ; mettez-les dans de la friture bien chaude ; et servez-les de belle couleur avec du persil frit dessus.

Tête de veau en matelote.

Echaudez et désossez une tête de veau, coupez-en les chairs en morceaux ronds, et faites-les cuire dans une marinade, à laquelle vous ajouterez un litre de bon vin rouge. Faites égoutter ces morceaux en couronne; mettez au milieu des ris-de-veau piqués de lard fin, et versez sur le tout une sauce à la matelote préparée comme il est dit au chapitre des sauces et des garnitures; vous mettrez par-dessus quelques grosses écrevisses, et autour du plat des croûtons frits dans du beurre.

Tête de veau au naturel.

Après avoir échaudé une tête de veau par le procédé que nous avons indiqué plus haut pour les pieds, on la fait dégorger, on la désosse, et on la fait cuire de la même manière que les pieds; puis on la fait égoutter, on découvre la cervelle, et on la sert avec de l'huile et du vinaigre, ou bien avec une sauce piquante dans une saucière à part.

Tête de veau à la poulette.

Après avoir fait revenir des fines herbes dans du beurre, vous jetez un peu de farine dessus, du sel et du poivre, et vous mouillerez le tout avec du bouillon; faites bouillir pendant dix minutes; puis vous mettrez dans cette sauce la tête de veau, cuite comme il est dit à l'article *Tête de veau au naturel*, et coupée par morceaux; ajoutez-y des champignons, et, le ragoût étant cuit, vous lierez la sauce avec des jaunes d'œufs; mettez-y un jus de citron après l'avoir ôté du feu, et servez.

CHAPITRE V.

DU MOUTON ET DE L'AGNEAU.

Agneau rôti.

Après avoir désossé soigneusement le collet de l'agneau, il faut briser la poitrine, afin de pouvoir approcher les épaules en les bridant avec des ficelles. On casse ensuite les os des gigots, on croise les deux manches, et on les assujettit avec une ficelle. L'agneau ainsi préparé, on l'embroche, puis on le couvre de bardes de lard, de papier beurré, et on le fait rôtir à grand feu; quelques instans avant de servir, on ôte le papier, afin que l'agneau prenne une belle couleur.

Animelles de mouton frites.

On appelle *animelles* les rognons extérieurs. Coupez-les par tranches après en avoir enlevé la peau; mettez-les sur un plat avec du sel, du poivre, et arrosez-les avec un jus de citron. Lorsque les animelles auront passé deux ou trois heures dans cette marinade, vous les saupoudrerez de farine, et vous les ferez frire.

Blanquette d'agneau.

On coupe en petits morceaux fort minces les chairs d'un gigot d'agneau rôti de la veille, et on les débarrasse des nerfs et des peaux qui peuvent s'y trouver. On fait ensuite sauter des champignons au beurre, puis on y joint la viande, et l'on verse dessus un peu de velouté et de consommé; au moment de servir, on lie cette sauce avec des jaunes d'œufs.

Carré de mouton en fricandeau.

Otez le gros bout des côtes d'un carré de mouton; piquez-le avec du lard fin, et faites-le cuire comme le fricandeau. (*Voir cet article au chapitre IV.*)

Carré de mouton au persil.

Piquez un carré de mouton avec du persil; mettez-le à la broche, et arrosez-le souvent avec du sain-doux; dressez-le sur une sauce piquante.

Cervelles d'agneau.

Mettez les cervelles d'agneau dans de l'eau tiède, afin d'en enlever facilement la peau, laissez ensuite dégorger, et faites-les cuire dans un blanc; les oreilles étant cuites de cette manière, on peut les mettre à la *maître-d'hôtel,* à la *sauce tomate,* au *beurre noir;* il suffit de les saucer avec une de ces préparations.

Si l'on veut les mettre en *mayonnaise,* il faut, après les avoir retirées du blanc où elles ont cuit, les laisser refroidir, puis les dresser en couronne, en mettant autant de morceaux de langue à l'écarlate qu'il y a de cervelles d'agneau; on verse une mayonnaise au milieu.

Cervelles de mouton.

Les cervelles de mouton se préparent comme les cervelles de veau. (*Voir au chapitre IV.*)

Collet de mouton aux choux.

Le collet de mouton étant cuit comme il est dit ci-après, vous le dressez sur des choux que vous aurez fait blanchir et cuire avec des parures de viande, du lard, le tout mouillé avec du consommé. Glacez le collet quand vous l'aurez dressé, et servez-le aussitôt.

Collet de mouton à la purée.

Faites cuire un collet de mouton comme il est dit ci-dessus; dressez-le sur une purée de légumes ou de racines; glacez-le avec de la glace de viande, et servez-le bien chaud.

Collet de mouton à la Sainte-Menehould.

Otez le bout saigneux d'un collet de mouton; ficelez-le, et faites-le cuire dans une casserole avec du petit lard, des ognons, des carottes, un bouquet garni, le tout mouillé avec du bouillon. Lorsqu'il sera cuit, vous le panerez, comme les pieds de mouton à la Sainte-Menehould (*Voir cet article plus bas*), puis vous le ferez griller, et vous le dresserez sur un peu de jus de viande.

Côtelettes d'agneau en atelets.

Les côtelettes étant sautées comme il est dit

à l'article ci-après, on les laisse refroidir; puis on les trempe dans une sauce allemande et on les passe; on les passe ensuite dans du beurre tiède, et on les passe une seconde fois. On les fait ensuite griller sur un feu doux, et on les sert avec une sauce italienne dessus.

Côtelettes d'agneau en lorgnettes.

Faites sauter vos côtelettes d'agneau au beurre; lorsqu'elles seront cuites, vous ôterez le beurre, et vous mettrez en place quelques cuillerées de sauce béchamel. D'autre part, vous couperez de gros ognons en anneaux, et vous les ferez frire; vous remplirez l'intérieur de ces anneaux avec des morceaux de langue à l'écarlate coupés en rond. Cela formera des espèces de lorgnettes avec lesquelles vous couvrirez vos côtelettes, et vous verserez dessus une sauce espagnole réduite.

Côtelettes d'agneau à la maréchale.

Trempez dans une sauce allemande des côtelettes d'agneau bien parées, puis panez-les; trempez-les ensuite dans des œufs battus et assaisonnés comme pour une omelette, et panez-les une seconde fois; faites griller les côtelettes ainsi préparées sur un feu doux, et dressez-les sur un peu de jus de viande réduit.

Côtelettes d'agneau à la parmesane.

Mélangez du fromage de Parme râpé avec de la mie de pain, et parez avec cette préparation vos côtelettes d'agneau en les trempant d'abord dans une sauce allemande, puis dan le pain et le fromage ; trempez-les ensuite dans des œufs battus et assaisonnés comme pour une omelette, et une seconde fois dans le pain et le fromage. Les côtelettes d'agneau ainsi préparées, on peut les faire cuire sur le gril avec un feu doux ou les faire frire dans un peu de beurre, et les dresser sur une sauce tomate.

Côtelettes d'agneau à la provençale.

Vos côtelettes étant bien parées, faites-les cuire comme il est dit à l'article *Côtelettes d'agneau sautées* ; avec cette différence, que le beurre doit être remplacé par de l'huile, et qu'il faut y ajouter de l'ail haché; d'autre part, vous ferez frire dans de l'huile, des ognons coupés en anneaux, puis vous dresserez les côtelettes en couronne, et vous mettrez les ognons frits au milieu.

Côtelettes d'agneau sautées.

Après avoir convenablement paré les côtelettes, il faut les saler et poivrer, puis les faire sauter au beurre sur un feu ardent. Lorsqu'elles sont cuites, ce que l'on reconnaît en posant le doigt dessus pour voir si elles ne sont pas molles en dedans, on ôte le beurre, et on le remplace par de la glace de viande; au bout de quelques instans, on dresse les côtelettes; on ajoute à la glace de viande un peu de consommé, autant de sauce espagnole ; lorsque cette sauce est bien chaude, on la passe à l'étamine, et on la verse sur les côtelettes.

Côtelettes de mouton grillées.

Les côtelettes étant parées comme il est dit à l'article suivant, trempez-les dans du beurre fondu, puis dans de la mie de pain mêlée de poivre et de sel fin, faites-les griller ensuite, et servez-les sans autre assaisonnement, ou bien dressez-les sur une sauce tomate italienne.

Côtelettes de mouton au naturel.

Parez des côtelettes de mouton, en les débarrassant de la graisse, des peaux, et du gros bout de l'os; débarrassez en outre l'os du côté de la poitrine, de la chair qui le garnit, et applatissez les côtelettes avec un couperet. Saupoudrez ces côtelettes de sel et de poivre; faites-les griller, et servez-les au moment où le jus commence à en sortir.

Epaule d'agneau aux concombres.

L'épaule d'agneau étant désossée et cuite comme il est dit à l'article qui suit, on la fait égoutter, puis on dresse des concombres à la crème sur un plat, et l'on pose l'épaule dessus.

Epaule d'agneau aux truffes.

Il faut désosser l'épaule d'agneau, à l'exception du manche, puis on la pique de lardons assaisonnés de poivre, sel, fines herbes, et après l'avoir ficelée, on la fait cuire dans une casserole avec du lard, des parures de viande, quelques carottes et ognons, un bouquet garni, le tout mouillé avec de bon bouillon. D'autre part, on coupe des truffes en tranches bien minces, on les met dans une sauce espagnole que l'on fait réduire ; on verse cette sauce sur un plat, on pose dessus l'épaule cuite, et on la glace avec de la glace de viande.

Epaule de mouton braisée.

Voyez *Gigot de mouton braisé*, et opérez de la même manière avec l'épaule de mouton.

Epaule de mouton en saucisson.

Désossez une épaule de mouton, et ne conservez que le bout de l'os, puis vous la piquerez avec du gros lard, de la langue à l'écarlate et des truffes ; roulez-la ensuite ; ficelez-la, et faites-la cuire comme le gigot braisé. Lorsque l'épaule sera cuite, vous la servirez sans assaisonnement, ou sur un ragoût de petites racines.

Fressure d'agneau.

Coupez le foie d'un agneau en tranches et faites-le sauter au beurre ; d'autre part, vous ferez frire le mou que vous aurez coupé par petits morceaux carrés. Vous mettez ce mou avec le foie sur le plat à sauter, vous ajoutez du poivre et du sel, du persil et des champignons hachés, un jus de citron ; vous faites sauter le tout un instant, pour le bien mélanger, et vous dressez.

Gigot de mouton à l'eau.

Parez un gigot de mouton en coupant le bout du manche, et dégarnissant un peu l'os ; piquez-le avec du jambon et des anchois, et

faites cuire dans une marmite avec des carottes et des ognons, un bouquet garni ; mouillez
avec de l'eau, et donnez six heures de cuisson
au moins. Le gigot étant cuit vous le dresserez ; puis vous dégraisserez, passerez et ferez
réduire le fond de cuisson , auquel vous donnerez de la couleur avec un peu de caramel,
et vous le verserez sur le gigot.

Gigot de mouton braisé.

Désossez un gigot en ne lui laissant que le
bout du manche : piquez-le avec de moyens
lardons que vous aurez bien assaisonnés de
sel, poivre et fines herbes ; ficelez le gigot et
tâchez de lui rendre, autant que possible, sa
première forme, puis vous le ferez cuire dans
une casserole avec des bardes de lard dessous
et dessus, un pied de veau, les os du gigot, des
parures de viande, des carottes, des ognons
et un bouquet garni, le tout mouillé avec du
bouillon non dégraissé ; mettez par dessus un
rond de papier beurré ; couvrez la casserole,
et faites bouillir pendant six heures avec feu
dessous et dessus. Dressez ensuite le gigot,
glacez-le, et mettez dessous le fond de cuisson, que vous aurez passé, dégraissé et fait
réduire.

Gigot de mouton à la chicorée.

Faites cuire un gigot de mouton comme il
est dit à l'article précédent ; dressez-le sur de
la chicorée au jus, glacez le dessus du gigot
et servez.

Gigot de mouton en émincé.

Lorsqu'il reste une certaine quantité de gigot rôti la veille, on débarrasse les chairs des peaux et des nerfs, on les coupe en petits morceaux fort minces. D'autre part, on fait cuire dans un mélange de consommé et de sauce espagnole des ognons coupés par tranches; les ognons cuits, mettez dans la même casserole les petits morceaux de gigot, mêlez bien le tout, et dressez-le en forme de rocher; vous mettrez autour des morceaux de mie de pain bien taillés et frits dans du beurre.

L'émincé se fait aussi à la chicorée ou aux concombres, que l'on fait cuire de la même manière que les ognons.

Hachis de mouton rôti.

Le hachis de mouton se fait ordinairement avec des restes de gigot, que l'on débarrasse des peaux et nerfs, et que l'on hache le plus menu possible. Faites revenir dans du beurre des fines herbes et des champignons hachés; jetez un peu de farine dessus, mouillez avec du consommé, faites réduire, puis vous mettrez votre viande hachée dans cette préparation, et lorsque le hachis sera bien chaud vous le dresserez. Vous pourrez mettre des croûtons frits au beurre autour, et des œufs pochés dessus.

Haricot de mouton.

Faites revenir dans du beurre une poitrine de mouton coupée par morceaux; ôtez-la ensuite, mettez un peu de farine dans le beurre, et faites un roux, remettez vos morceaux de poitrine dedans, et mouillez avec du consommé. Ajoutez des navets tournés tous de la même grosseur, et que vous aurez fait revenir à part dans du beurre, afin qu'ils soient de belle couleur ; ajoutez encore un bouquet garni, une gousse d'ail, et faites cuire le tout ensemble sur un feu peu ardent. Dressez ensuite les morceaux de mouton, puis les navets par-dessus ; dégraissez et passez la sauce ; faites-la réduire si elle était trop claire, et versez-la sur le tout.

Langues d'agneau.

Les diverses parties de l'agneau se préparent en général comme celles du mouton ; les langues, par exemple, se font cuire de la même manière, et se mettent aux mêmes sauces que celles indiquées ci-après.

Langues de mouton en atelets.

La langue de mouton étant cuite comme il est dit à l'article *Langues de mouton braisées*, avec cette différence qu'il ne faut pas la piquer, vous la couperez en petits morceaux de deux pouces carrés, et de l'épaisseur d'une pièce de cinq francs. Faites réduire une sauce allemande, dans laquelle vous aurez mis des fines herbes hachées ; versez cette sauce réduite sur des morceaux de langue et sur des morceaux de tétine de veau et de petit lard cuits de la même manière, et laissez refroidir le tout, puis vous embrocherez avec un atelet ces morceaux bien garnis de sauce, en mettant successivement au même atelet un mor-

ceau de langue, un morceau de tétine et un
morceau de petit lard ; arrangez les choses de
telle sorte que le tout soit bien garni de sauce ;
puis vous panerez l'atelet garni en le trempant
d'abord dans de la mie de pain, puis dans des
œufs battus et assaisonnés comme pour une
omelette, et une seconde fois dans de la mie
de pain mêlée d'un peu de poivre et de sel.
Faites griller ces atelets sur un feu doux ; couvrez-les avec un four de campagne, afin qu'ils
prennent couleur partout, et dressez-les sur
une sauce piquante.

Langues de moutons braisées.

Lavez et ratissez des langues de mouton,
ôtez-en le carnet ; faites-les dégorger pendant
plusieurs heures ; faites-les blanchir ensuite,
et parez-les convenablement. Lorsque les langues seront bien rafraîchies et égouttées, vous
les piquerez de lard fin, et vous les mettrez
dans une casserole avec des bardes dessous et
dessus, un bouquet garni, des carottes et des
ognons ; vous mouillerez tout cela avec du
consommé, et vous le ferez bouillir pendant
quatre heures au moins sur un feu modéré.
Servez-les ensuite avec un peu de leur fond
de cuisson, que vous aurez dégraissé et fait
réduire.

Langue de mouton en cartouches.

Faites cuire les langues de mouton comme
ci-dessus ; faites-les égoutter et versez dessus
un peu de sauce allemande réduite, dans laquelle vous aurez mis des fines herbes hachées.
Lorsque les langues seront refroidies, vous

les roulerez en forme de cartouches, et vous
les envelopperez dans une feuille de papier
huilé; puis vous ficellerez afin qu'elles gardent
la forme que vous leur aurez donnée; faites-
les griller ensuite sur un feu doux, et servez-
les après en avoir ôté la ficelle.

Langues de mouton en émincé.

Coupez par petits morceaux bien minces des
langues de mouton braisées et non piquées ;
préparez de la chicorée au jus ; jetez dans cette
chicorée les morceaux, mêlez bien le tout,
faites-le chauffer sans le faire bouillir, et servez. On peut remplacer la chicorée par des
concombres ou des ognons que l'on fait cuire
dans un mélange de consommé et de sauce espagnole.

Langue de mouton aux fines herbes.

Faites cuire les langues comme celles dites
braisées, coupez-les en deux dans toute leur
longueur. Mettez sur un plat un peu de sauce
durcelle; mettez vos morceaux de langue sur
cette sauce; semez un peu de chapelure dessus, et arrosez-les ensuite avec du beurre clarifié; faites mijoter le tout pendant une demi-
heure, et au moment de servir, dressez dessus
un peu de sauce espagnole.

Langues de mouton au gratin.

Faites cuire des langues de mouton comme
il est dit ci-dessus, puis vous les couperez en
deux dans toute leur longueur; mettez sur un
plat qui puisse aller au feu une couche de farce cuite; posez les morceaux de langue dessus,

recouvrez-les d'une légère couche de farce, puis mettez le plat sur un feu doux, et couvrez-le avec un four de campagne; lorsque le gratin se sera formé, et que le dessus sera d'une belle couleur, vous l'ôterez du feu, vous l'arroserez avec un peu de sauce espagnole, et le servirez sur-le-champ.

Langues de mouton grillées.

Faites cuire les langues de mouton comme il est dit ci-dessus, mais sans le piquer; ensuite vous les couperez en deux dans toute leur longueur, et vous les panerez en les trempant d'abord dans du beurre tiède, puis dans de la mie de pain mêlée d'un peu de sel et de poivre; puis vous les tremperez dans des œufs battus et assaisonnés comme pour une omelette, et une seconde fois dans de la mie de pain. Faites griller les langues ainsi préparées, et dressez-les sur un peu de jus de viande ou sur une sauce tomate.

Langues de mouton aux navets.

Dressez des langues de mouton cuites comme celles dites *braisées*, sur un ragoût de navets; glacez les langues avec de la glace de viande, et servez.

Langues de mouton en papillotes.

Les langues de mouton étant cuites comme ci-devant, mettez-les sur un plat, et versez dessus une sauce ducelle; lorsque la sauce est refroidie, et que les langues en sont bien garnies, vous mettrez une bande de lard bien mince sur chacune, puis vous les envelopperez

dans du papier huilé ; faites-les griller ensuite
sur un feu peu ardent, et servez-les de belle
couleur.

Noix de mouton en papillotes.

Il arrive souvent qu'après avoir servi un
gigot de mouton, il en reste des débris assez
forts, entre autres la noix ; parez cette noix
lorsqu'elle sera froide, versez dessus une sauce
durcelle. Lorsque cette sauce sera refroidie,
vous mettrez la noix en papillote, comme il est
dit à l'article *Côtelettes de veau en papillotes*,
et vous la servirez de même. *(Voir au chapitre précédent.)*

Oreilles d'agneau.

Les oreilles d'agneau étant bien échaudées,
on les fait cuire dans un blanc ; puis on les
dresse et l'on verse dessus soit une sauce piquante, soit une sauce ravigote ; on peut aussi,
lorsqu'elles sont cuites au blanc, les farcir en
garnissant l'intérieur avec de la farce cuite ;
dans ce cas, après les avoir garnies de farce,
on les passe dans du beurre tiède, puis on les
roule dans de la mie de pain ; on les passe en
second lieu dans des œufs battus et assaisonnés comme pour faire une omelette, puis on les
passe une seconde fois. Après les avoir fait frire,
on dresse, et l'on met dessus un bouquet de
persil frit.

Oreilles de mouton farcies.

Après avoir bien échaudé des oreilles de
mouton, vous les ferez cuire dans un blanc ,
puis vous les ferez égoutter, et vous les garni-

rez avec une farce cuite. Panez ensuite des oreilles en les trempant d'abord dans du beurre fondu et dans de la mie de pain, puis dans des œufs battus et assaisonnés comme pour une omelette, et une seconde fois dans de la mie de pain; faites-les frire ensuite, et dressez-les sur une sauce tomate.

Oreilles de mouton à la ravigote.

Les oreilles de mouton étant cuites comme il est dit au chapitre précédent, vous les dresserez, et vous verserez dessus une sauce ravigote.

Pieds d'agneau.

Voyez les différentes manières de préparer les pieds de mouton, et usez des mêmes recettes pour les pieds d'agneau. On peut aussi préparer ces derniers des deux manières que voici :

Pieds d'agneau en cartouches.

Après avoir fait cuire les pieds d'agneau dans un blanc, on les fait égoutter, puis on les couvre de fines herbes à papillotes et l'on arrose le tout avec un jus de citron. Lorsque cette préparation est refroidie, on roule chaque pied bien garni de fines herbes, dans une barde de lard bien mince; puis on l'enveloppe dans un panier huilé, de manière à ce qu'il ait à peu près la forme d'une cartouche; on met ensuite ces pieds sur le gril; on les recouvre avec un four de campagne, et on les sert lorsqu'ils ont pris une belle couleur.

Pieds d'agneau au gratin.

Les pieds d'agneau étant bien cuits, on fait une farce avec de la mie de pain, un peu de fromage râpé, un morceau de beurre et trois jaunes d'œufs; le tout étant bien mêlé, on l'étend sur le fond d'un plat d'argent, et l'on dresse dessus une douzaine de pieds d'agneau, entremêlés d'autant de petits ognons; on fait ensuite gratiner le tout sur un feu doux, puis on verse dessus de la sauce espagnole bien chaude, et l'on sert.

Pieds de mouton farcis.

Faites cuire les pieds de mouton comme il est dit à l'article *Pieds de mouton à la poulette*, désossez-les entièrement et remplacez les os par une farce cuite, parez-les ensuite comme les pieds à la Sainte-Menehould, et faites-les frire ou griller; si vous les faites frire, il faut les servir avec un peu de persil frit; si vous les faites griller, il faut les dresser sur un peu de sauce tomate ou un peu de jus de viande.

Pieds de mouton frits.

Les pieds de mouton étant cuits comme ceux dits *à la poulette*, vous les mettrez dans une marinade cuite, et vous les laisserez pendant six heures; ôtez-les ensuite, faites-les égoutter, trempez-les dans une pâte à frire, et jetez-les dans la friture; servez-les de belle couleur avec un peu de persil frit.

Pieds de mouton au gratin.

Les pieds de mouton étant cuits comme ci-

dessus, vous les désosserez entièrement, et
vous les couperez par filets; étendez sur un
plat de la farce cuite, arrangez sur cette farce
les pieds coupés comme nous venons de le
dire; semez dessus de la mie de pain mêlée de
sel et de poivre, et arrosez cette mie de pain
avec du beurre tiède; mettez le plat sur un feu
doux, couvrez-le avec un four de campagne,
et servez dès que cela aura pris une belle couleur.

Pieds de mouton à la poulette.

Faites blanchir des pieds de mouton, puis
vous les désosserez jusqu'à la jointure, vous
enlèverez la petite pelote de laine qui se trouve
dans la fourche du pied, et vous les ferez cuire
dans un blanc. D'autre part, vous ferez sauter
au beurre des champignons et des fines herbes,
puis vous mettrez les pieds de mouton dans la
même casserole, et après avoir saupoudré le
tout de farine, vous le mouillerez avec du
consommé; ajoutez un peu de velouté, faites
bouillir le tout, ôtez la casserole du feu; liez
la sauce avec des jaunes d'œufs, ajoutez-y un
jus de citron, et servez le plus chaud possible.

Pieds de mouton à la provençale.

Coupez de gros ognons par filets et jetez-les
dans de l'huile bien chaude; lorsqu'ils seront
bien jaunes, vous ajouterez à l'huile un peu de
consommé, un jus de citron, du poivre, du
sel et de la muscade, et vous ferez bouillir le
tout ensemble. Dressez sur un plat des pieds
de mouton préparés et cuits comme pour être

mis à la poulette, et versez dessus la préparation que nous venons d'indiquer.

Pieds de mouton à la Sainte-Menehould.

Les pieds de mouton étant préparés et cuits
comme il est dit ci-dessus, parez-les en les
trempant d'abord dans du beurre tiède et de la
mie de pain mêlée de sel et de poivre, puis
dans des œufs battus et assaisonnés comme
pour une omelette, et une seconde fois dans
de la mie de pain; faites griller les pieds de
mouton ainsi préparés, et servez-les de belle
couleur.

Poitrine d'agneau en crépinette.

Les poitrines d'agneau étant braisées comme
il est dit à l'article suivant, faites-les égoutter
et laissez-les refroidir; faites cuire, d'autre
part, dans du beurre, des ognons coupés par
tranches. Lorsque les ognons seront bien jaunes, vous les verserez sur les poitrines, et
vous envelopperez dans des crépinettes les
poitrines ainsi garnies d'ognons. Faites griller
les poitrines ainsi préparées, et lorsqu'elles
seront de belle couleur, vous les dresserez sur
une sauce tomate.

Poitrines d'agneau à la Sainte-Menehould.

Braisez les poitrines d'agneau, c'est-à-dire
faites-les cuire dans une casserole avec des parures de viande, du lard, deux ou trois carottes, autant d'ognons, un bouquet garni, le
tout mouillé avec du consommé ou du bon
bouillon. Les poitrines étant ainsi cuites, on

les pane en les trempant dans du beurre tiède
d'abord, puis dans de la mie de pain mêlée
d'un peu de sel et de poivre ; on les fait griller
ensuite, et on les sert avec du jus clair dessous.

Poitrine de mouton braisée.

Coupez une poitrine de mouton en morceaux
et faites-les cuire dans une casserole avec du
lard, du jambon, des parures de viande, des
carottes, des ognons, un bouquet garni, le tout
mouillé avec du consommé, et recouvert d'un
rond de papier beurré. La poitrine étant cuite,
vous la dresserez sur un peu de son fond de
cuisson que vous aurez passé, fait réduire et
dégraissé, puis vous la glacez et vous servez
le plus chaud possible.

La poitrine de mouton braisée peut se dresser sur un ragoût de petites racines, ou sur
des épinards ou de la chicorée au jus.

Poitrine de mouton à la Sainte-Me-
nehould.

La poitrine de mouton étant cuite comme il
est dit à l'article précédent, trempez-la dans
du beurre tiède, puis dans de la mie de pain
mêlée de poivre et de sel fin ; faites-la griller
ensuite et servez-la sur une sauce piquante ou
sans sauce.

Queues de mouton braisées.

Coupez des queues de mouton dans les arti-
culations, mais sans les séparer entièrement,
et faites cuire dans une casserole, avec des
débris de viande, du lard, des carottes et des

ognons, un bouquet garni, le tout mouillé avec du consommé. Lorsque les queues de mouton seront cuites, vous les ferez égoutter, vous les dresserez sur un peu de sauce espagnole que vous aurez fait réduire; glacez le dessus des queues avec de la glace de viande; et servez.

Queues de mouton à la chicorée.

Préparez de la chicorée au jus, dressez dessus des queues de mouton braisées, glacez-les avec un peu de glace de viande, et servez.

Queues de mouton frites.

Prenez des queues de mouton braisées en les trempant à deux reprises dans des œufs battus et assaisonnés comme pour une omelette, et dans de la mie de pain; faites-les frire, dressez-les en bûcher, avec un peu de persil frit au sommet.

Queues de mouton grillées.

Les queues de mouton étant cuites comme il est dit ci-dessus, parez-les en les trempant d'abord dans du beurre tiède et dans de la mie de pain, puis dans des œufs battus et assaisonnés comme pour une omelette, et une seconde fois dans de la mie de pain; faites-les griller ensuite, et lorsqu'elles seront de belle couleur, vous les dresserez sur un peu de jus de viande.

Queues de mouton en hochepot.

Faites un ragoût de petites racines, mettez-le dans une casserole avec des queues de mouton braisées et du petit lard coupé en petits morceaux, mouillez le tout avec de la sauce espagnole, faites bouillir et dressez, en ayant soin de mettre le lard et les racines dessous, et les queues dessus, afin qu'étant dressées, vous puissiez les glacer avec de la glace de viande.

Queues de mouton à la purée.

Préparez et faites cuire les queues de mouton comme il est dit à l'article précédent, et dressez-les sur une purée de lentilles, de pois ou d'oseille.

Queues de mouton en ragoût.

Coupez en deux des queues de mouton braisées, et mettez-les dans une casserole avec des champignons, des ris-de-veau, des culs d'artichaut, des morilles, des crêtes de coq; mouillez le tout avec moitié consommé et moitié sauce espagnole; faites bouillir pendant un quart-d'heure et servez.

Ris d'agneau.

Après avoir fait dégorger des ris d'agneau dans de l'eau tiède, il faut les faire blanchir, rafraîchir et égoutter; on les fait cuire ensuite dans une casserole foncée de bardes de lard, avec quelques carottes et ognons, un bouquet garni, le tout mouillé avec du consommé non dégraissé. Cuits de la sorte, les ris d'agneau s'emploient comme garniture dans certains ragoûts; mais si on voulait les servir seuls, il faudrait, avant de les faire cuire comme nous

venons de le dire, les piquer de lard fin; alors
on pourrait les servir entiers en les glaçant
seulement avec de la glace de viande, ou les
couper par morceaux, les sauter au beurre et
les servir avec une sauce italienne.

Roast-beef d'agneau.

Piquez de lard fin la partie de derrière d'un
agneau; bridez-la, couchez-la sur une broche,
et faites-la rôtir; il faut que le roast-beef ne
soit pas trop cuit, et qu'il soit de belle couleur.

Roast-beef de mouton.

Coupez un mouton en deux; vous prendrez
la partie de derrière; vous casserez les côtes,
les os des cuisses; vous roulerez le tout et le
ficellerez fortement, afin que cela conserve
une forme agréable, puis vous l'attacherez sur
la broche à l'aide de quelques atelets que
vous passerez dedans, et vous le couvrirez
avec du papier huilé. Lorsque le roast-beef
sera presque cuit, vous ôterez le papier de
dessus, afin que le mouton prenne une belle
couleur, puis vous le servirez avec son jus que
vous aurez dégraissé.

Roast-beef de mouton braisé.

Préparez le roast-beef de mouton comme à
l'article précédent; piquez-le avec moitié lard
moyen et moitié langue à l'écarlate; ficelez-le
et faites-le cuire dans une casserole avec des
bandes de lard dessous et dessus, des débris de
viande, des carottes, des ognons, un bouquet
garni, le tout mouillé avec du consommé.

D'autre part, vous aurez une garniture à la flamande, vous poserez le roast-beef dessus, et
vous le glacerez avec de la glace de viande.

Rognons de mouton à la brochette.

Les rognons de mouton sont recouverts
d'une pellicule très-mince que l'on enlève très-
facilement quand ils sortent du corps de l'ani-
mal; mais lorsqu'ils sont un peu hâlés, il faut
les faire tremper pendant quelques instans
dans de l'eau tiède, pour pouvoir ensuite les
débarrasser de cette espèce de parchemin qui
les rendrait durs. Cela fait, on fend le rognon
en deux, de manière cependant à ce que les
deux parties ne se séparent pas; on l'étend,
et l'on passe une brochette en travers, pour
qu'il ne se referme pas; on les trempe dans un
peu d'huile mêlée d'un jus de citron, puis on
les saupoudre de sel et de poivre mêlés, et on
les met sur le gril, en ayant soin que l'intérieur du rognon se trouve d'abord en dessous;
lorsqu'il est cuit de ce côté, on le retourne,
et l'action du feu en faisant relever les bords,
cela forme une espèce de coquille qui empêche
le jus de tomber sur le feu. Les rognons étant
cuits de la sorte, on les dresse sur une maître-
d'hôtel froide, et l'on y ajoute un jus de citron.

Rognons de moutons sautés.

Fendez les rognons en deux et séparez les
deux parties, après toutefois les avoir débarrassés de la peau qui les couvre, comme il est
dit à l'article précédent; faites-les sauter au
beurre avec du poivre et du sel, sur un feu
très-ardent. Lorsqu'ils seront cuits, vous les

dresserez en mettant entre chaque morceau
de rognon un morceau de mie de pain d'une
forme agréable, et frite dans le beurre; versez
ensuite un peu de sauce espagnole sur le beurre, dans lequel ont cuit les rognons; faites réduire ce mélange; ajoutez-y un jus de citron,
et versez-le sur les rognons dressés comme
nous venons de le dire.

Rognons au vin de Champagne.

Après avoir débarrassé les rognons de la
peau qui les couvre, comme nous l'avons dit
plus haut, vous les couperez d'abord en deux,
puis en petits morceaux minces. Faites-les
sauter au beurre avec du sel, du poivre, des
fines herbes et des champignons. Lorsqu'ils
seront à moitié cuits, vous jetterez dessus un
peu de farine, et vous les mouillerez avec du
bon vin blanc, et vous ferez bouillir doucement cette préparation pendant cinq minutes;
ajoutez, avant de les servir, un peu de beurre
frais et un jus de citron.

Selle de mouton braisée.

Salez et poivrez une selle de mouton que
vous aurez préalablement désossée ; roulez-la
et ficelez-la, puis vous la ferez cuire dans une
casserole entre des bardes de lard, avec des
parures de viande, des carottes et ognons, un
bouquet garni.

La selle de mouton cuite ainsi s'emploie et
se sert de la même manière que la *poitrine de
mouton braisée*

Tendons d'agneau.

Faites cuire des tendons d'agneau dans une

casserole avec des parures de viande, du lard, quelques carottes et ognons, un bouquet garni, le tout mouillé avec de bon bouillon. Etant cuits de la sorte, les tendons peuvent se servir panés et grillés comme les poitrines ; ils peuvent aussi se dresser sur des pointes d'asperges sautées au beurre, ou sur un ragoût de petites racines ; alors, au lieu de les paner on les glace avec de la glace de viande ; on les dresse en couronne , et l'on verse les légumes au milieu.

CHAPITRE VI.

DE LA VOLAILLE.

—

Ailerons de dindon à la maître-d'hôtel.

Mettez des ailerons de dindon dans de l'eau bouillante , et laissez-les bouillir pendant quelques minutes, afin de pouvoir en enlever les plumes facilement; plumez-les et épluchez-les avec soin, et faites-les dégorger dans de l'eau tiède. Désossez-les, à partir de l'aile jusqu'au joint; puis vous les ferez cuire dans une casserole avec du lard, des ognons, des carottes, un bouquet garni, le tout mouillé avec du bouillon. Lorsque les ailerons seront cuits, vous les ferez égoutter, puis vous les tremperez dans du beurre tiède, et ensuite dans de la mie de pain mêlée de sel et de poivre. Faites griller les ailerons ainsi préparés; dressez-les sur une maître-d'hôtel froide.

Ailerons de dindon aux petits pois.

Faites cuire des petits pois au lard comme il est dit au chapitre des *Légumes*, puis vous les dresserez et vous poserez dessus des ailerons de dindon que vous aurez fait cuire comme il est dit à l'article précédent, et que vous glacerez avec de la glace de viande.

Ailerons de dindon à la chicorée.

Préparez et faites cuire des ailerons de dindon. Préparez d'autre part de la chicorée au jus, dressez cette chicorée ; arrangez dessus vos ailerons de dindon, glacez-les, et entourez votre chicorée avec des morceaux de mie de pain taillés en losange et frits dans du beurre.

Ailerons de dindon aux haricots.

Les ailerons de dindon étant cuits comme il est dit plus haut, vous les dresserez en couronne et vous verserez au milieu un ragoût de navets.

Ailerons de dindon aux olives.

Les ailerons étant cuits comme il est dit à l'article *Ailerons à la maître-d'hôtel*, vous les dresserez sur un ragoût aux olives.

Ailerons de dindon aux truffes.

Les ailerons étant cuits comme il est dit ci-dessus, vous les dresserez en couronne, et vous verserez au milieu un ragoût à la financière.

Ailerons de dindon à la chipolata.

Après avoir préparé les ailerons de dindon comme il est dit à l'article *Ailerons à la maître-d'hôtel*, vous les ferez revenir dans du beurre, en ayant soin de ne pas leur faire prendre couleur ; puis vous jetterez un peu de farine dessus, et vous mouillerez avec du consommé; ajoutez du petit lard coupé par petits morceaux, des champignons, des petits ognons, un bouquet garni et des petites saucisses dites à la chipolata. Lorsque le tout sera cuit, vous dresserez les ailerons; vous ôterez le bouquet garni, et vous ferez réduire la sauce; puis vous y ajouterez une liaison de jaunes d'œufs, et vous la verserez sur les ailerons avec tous les ingrédiens dont nous avons parlé, plus des croûtons frits.

Ailerons de dindon à la maréchale.

Après avoir échaudé et fait dégorger des ailerons de dindon, vous les désosserez jusqu'à la jointure du milieu, et vous mettrez dedans un peu de farce cuite préparée comme il est dit au chapitre III; puis vous en coudrez la peau, et vous les ferez cuire dans une casserole avec du lard, quelques ognons et carottes, un bouquet garni, un peu de gros poivre, le tout mouillé avec du bouillon. Laissez refroidir ces ailerons; trempez-les ensuite dans du beurre tiède, puis dans de la mie de pain mêlée de sel et de poivre; faites-les griller sur un feu doux, et lorsqu'ils seront de belle couleur, vous les dresserez sur un peu de jus de viande glacée.

Ailerons de dindon aux haricots vierge.

Faites cuire les ailerons de dindon comme il est dit ci-dessus, puis vous tournerez des navets de manière à leur donner à tous la forme de petits bâtons gros comme le doigt et longs de deux pouces, et vous ferez cuire ces navets dans du velouté. Dressez les ailerons

en couronne, et versez au milieu le ragoût de
navets.

Ailerons de poularde à la pluche.

Préparez des ailerons de poulardes, comme
il est dit à l'article précédent, puis vous les
ferez cuire dans une casserole entre des bardes de lard, avec des tranches de jambon, des
parures de viande, des ognons et carottes, un
bouquet garni, le tout mouillé avec du bouillon. Lorsque les ailerons seront cuits, vous
les ôterez, vous les ferez égoutter, puis vous
dégraisserez et vous passerez le fond de cuisson; vous le ferez réduire, et lorsqu'il sera
arrivé à une épaisseur convenable, vous mettrez dedans des feuilles de persil, un jus de
citron et du gros poivre. Si, après l'avoir fait
réduire, le fond de cuisson n'était pas encore
d'une épaisseur convenable, vous y ajouteriez
un peu de beurre fin que vous auriez pétri avec
de la farine. Dressez les ailerons, versez cette
sauce dessus, et servez. Ayez soin qu'il y ait
dans cette sauce assez de feuilles de persil
pour qu'elle paraisse verte.

Ailerons de poularde en terrine.

Flambez et désossez à moitié des ailerons de
poularde, et faites-les cuire dans une casserole avec du lard, des parures de viande, des
ognons et carottes, le tout mouillé avec du
consommé. D'autre part, vous aurez une certaine quantité de marrons dont vous supprimerez la première peau, puis vous les mettrez
dans une casserole avec un peu de beurre, et
vous les ferez sauter jusqu'à ce que vous puis-

siez enlever facilement la seconde peau ; cette dernière étant enlevée, vous ferez cuire vos marrons dans du consommé, puis vous en pilerez une partie , mouillez cette purée de marrons avec une partie du fond de cuisson de vos ailerons, puis vous ajouterez à cette purée un peu de sauce espagnole, et vous ferez réduire ce mélange ; mettez ensuite dans une terrine vos ailerons bien égouttés, du petit lard coupé par morceaux et les marrons entiers ; versez dessus la purée dont nous venons de parler, et servez.

Ailes et cuisses d'oie à la bayonnaise.

Mettez à la broche des oies bien grasses, ôtez-les dès qu'elles seront cuites aux trois quarts ; levez-en les cuisses et les ailes, et arrangez-les bien serrées dans un pot de grès ; saupoudrez-les de poivre et de sel ; mettez entre chaque lit quelques feuilles de laurier. Vous ferez fondre ensuite toute la graisse d'oie que vous aurez mise de côté ; vous y ajouterez une égale quantité de sain-doux, et vous verserez le tout sur les ailes et cuisses d'oie. Il faut qu'il y ait assez de graisse pour que le pot soit rempli. On laisse refroidir cette préparation pendant vingt-quatre heures , puis on couvre le pot avec un parchemin.

Aspic de poulet.

Après avoir lavé les blancs d'un poulet, vous es saupoudrerez de sel et de poivre , vous les ferez sauter dans du beurre jusqu'à ce qu'ils soient cuits, et vous les laisserez refroidir. Faites un mélange de gelée de viande et de

velouté par égales parties, puis vous ferez réduire ce mélange de moitié, vous y ajouterez
un peu de persil haché bien menu et lavé ;
vous lierez cette sauce avec deux jaunes d'œufs,
vous mettrez les blancs du poulet dedans, et
vous laisserez refroidir le tout. Ces prépara-
tifs étant faits, vous mettrez dans un moule
un peu d'aspic ; vous le ferez prendre sur de
la glace pilée, et vous décorerez ce fond avec
des truffes taillées d'une manière agréable,
des blancs et des jaunes d'œufs durs, des cornichons, des câpres, etc. ; vous verserez de
nouveau un peu d'aspic ; vous augmenterez la
dose de glace pilée, afin que cela se congèle
promptement, puis vous mettrez dessus un
ragoût de crètes et rognons de coq. Versez de
l'aspic jusqu'à ce que le moule soit plein ; entourez ce moule jusqu'au faîte avec de la glace
pilée mêlée d'un peu de salpêtre. Lorsque le
tout sera bien congelé, et que vous voudrez
dresser l'aspic, vous tremperez le moule dans
de l'eau tiède ; vous l'essuierez bien , vous
mettrez un plat dessous et vous le renverserez.

Atelets de dindon.

Les atelets de dindon, de même que la blan-
quette, les croquettes, etc., ne se font ordinairement que lorsqu'il reste des débris de
dindon rôti. On lève les chairs blanches, et on
extrait avec soin les peaux et les nerfs, puis
on les coupe par petits morceaux carrés. On
coupe de la même manière des truffes, des
champignons et du petit lard cuit, puis on

embroche ces divers ingrédiens avec des atelets, en ayant soin de ne pas mettre deux
morceaux de la même espèce l'un contre l'autre. Versez sur ces atelets une sauce allemand-
de réduite ; laissez-les refroidir, puis vous les
tremperez d'abord dans de la mie de pain, ensuite dans des œufs battus et assaisonnés comme pour une omelette, et une seconde fois
dans de la mie de pain. Mettez ces atelets dans
de la friture bien chaude , et servez-les de
belle couleur, avec un peu de jus de viande
réduit.

Blanquette de dindon.

Levez les blancs d'un dindon rôti et refroidi ;
coupez-les par petits morceaux bien minces.
D'autre part, vous ferez réduire de la sauce
béchamel ; vous y ajouterez des champignons
que vous aurez fait cuire dans un blanc ; puis
vous mettrez dans cette sauce vos morceaux
de chair de dindon ; vous lierez ce ragoût
avec des jaunes d'œufs , et vous le dresserez.

Blanquette de poularde.

Coupez par petits morceaux bien minces des
filets de poularde rôtie ; d'autre part vous ferez
réduire du velouté, puis vous mettrez dedans
des champignons cuits dans un blanc, et les
morceaux de poularde coupés comme nous venons de le dire ; liez ce ragoût avec des jaunes
d'œufs, ajoutez-y un peu de jus de citron, et
servez.

Boudin de volaille.

Après avoir jeté un peu de farine sur une

table, vous y étendrez de la farce de volaille, puis vous roulerez cette farce en forme de boudins, que vous ferez pocher dans de l'eau bouillante; ensuite vous les tremperez dans du beurre tiède, vous les panerez, et les ferez griller. Dressez-les ensuite sur un peu de jus de viande.

DU CANARD.

On emploie en cuisine deux sortes de canards, le canard sauvage et le canard domestique. Pour que ces derniers soient bons, il faut qu'ils aient été élevés dans des endroits où l'eau soit abondante. En général, les canards sauvages se mangent rôtis.

Canard en aiguillettes.

Flambez un canard, rentrez-lui le croupion, troussez-lui les pattes sous les cuisses, puis vous couperez les filets en aiguilettes, mais sans les lever, et vous les ferez cuire comme il est dit à l'article *Canard braisé*. Hachez des échalotes; faites-les cuire dans un peu de consommé avec un peu de muscade, du gros poivre et un jus de citron. Le canard étant cuit, faites-le égoutter, dressez-le, et versez dessus la préparation dont nous venons de parler.

Canard à la choucroûte.

Faites cuire de la choucroûte dans du bouillon avec des cervelas, des saucisses et du petit lard coupé par morceaux. Lorsque la choucroûte sera à moitié cuite, vous ôterez cette garniture et vous mettrez dans la choucroûte

le canard retroussé et paré. Le tout étant cuit,
vous dresserez le canard, vous l'entourerez
de choucroûte, et vous arrangerez sur cette
dernière les saucisses, les cervelas et le lard
que vous aurez tenus chauds et coupés par
tranches.

Canard aux choux.

Flambez et troussez un canard comme il est
dit plus haut, puis vous le mettrez dans une
casserole avec des choux que vous aurez fait
blanchir, des saucisses, et du petit lard coupé
par morceaux; mouillez avec du bouillon. Le
tout étant cuit, faites égoutter et débridez le
canard; dressez-le; faites aussi égoutter les
choux, et pressez-les afin qu'il n'y reste pas de
bouillon. Entourez le canard avec ces choux, et
arrangez dessus les saucisses et le lard. Vous
ferez en même temps réduire un peu de sauce
espagnole que vous verserez sur les choux.

Canard farci.

Désossez un canard et remplissez-le avec une
farce cuite; cousez la peau du canard et ficelez-le de manière à ce qu'il conserve une belle
forme; puis vous le ferez cuire comme il est
dit à l'article *Canard braisé*. Emondez des
marrons et faites-les cuire dans un peu de
sauce espagnole à laquelle vous ajouterez un
verre de vin blanc, un morceau de beurre fin
et un peu de gros poivre. Le tout étant préparé, faites égoutter le canard, dressez-le,
et versez le ragoût de marrons dessus.

Canard à la purée de lentilles.

Faites une purée de lentilles comme il est dit au chapitre I; ajoutez-y un fort morceau de beurre fin, et dressez sur cette purée un canard braisé.

Canard aux navets.

Faites un roux, mettez-le dedans votre canard, que vous aurez bien vidé et flambé; ajoutez un bouquet garni et une certaine quantité de navets bien tournés, et tous de la même grosseur. Le canard étant cuit, vous le dresserez; vous ferez réduire la sauce, vous la dégraisserez et la verserez sur le canard, après y avoir ajouté un jus de citron. On peut aussi faire cuire le canard comme il est dit à l'article *Canard braisé;* dans ce cas, on fait cuire les navets à part dans un mélange de sauce espagnole et de consommé.

Canard à la purée de navets.

Faites cuire un canard comme il est dit à l'article *Canard braisé*, et dressez-le sur une purée de navets. On peut aussi dresser le canard d'abord, et le masquer avec de la purée.

Canard aux olives.

Tournez des olives pour en enlever le noyau, et faites-les cuire dans un mélange de consommé et de sauce espagnole, avec un peu de gros poivre. D'autre part, vous ferez cuire un canard. Faites égoutter le canard, débridez-le, dressez-le, et versez dessus le ragoût d'olives.

13..

Caneton aux petits pois.

Faites un roux, mouillez-le avec du consommé, et mettez dans cette préparation un caneton bien flambé et troussé ; mettez, en même temps, un litre de petits pois , un bouquet de persil, et faites cuire le tout sur un feu modéré ; dressez ensuite le caneton, et versez dessus les petits pois, après avoir ôté le bouquet de persil.

Caneton aux petites racines.

Préparez un ragoût de petites racines , et dressez sur ce ragoût un caneton que vous aurez fait cuire comme il est dit plus haut, à l'article *Canard braisé*.

Caneton au verjus.

Faites cuire un caneton. comme il est dit à l'article *Canard braisé*, dressez-le, et versez dessus de la sauce espagnole réduite, dans laquelle vous aurez fait cuire des grains de verjus.

Capilotade de volaille.

Faites revenir dans du beurre des champignons, des échalotes et du persil hachés ; mouillez-les ensuite avec moitié sauce espagnole et moitié consommé ; faites bouillir le tout et versez-le sur des débris de poularde rôtie que vous aurez parés convenablement.

Casserole de volaille à la reine.

Foncez une casserole de riz et de purée de volaille préparée comme il est dit plus haut. Au moment de servir , vous entourerez cette

casserole avec des œufs pochés et des filets de
volaille sautés aux truffes.

Chapon au gros sel.

Le chapon étant plumé et vidé, vous le
flamberez légèrement, puis vous lui trousserez les pattes en dedans ; vous le briderez avec
de la ficelle pour qu'il se maintienne dans cette
position, puis vous le barderez de lard, vous
le mettrez dans une casserole avec du consommé, et vous le ferez cuire sur un feu peu
ardent ; dressez-le sur un peu de jus de
viande réduit, et semez dessus un peu de gros
sel.

Coquilles de volaille.

Levez les chairs d'une poularde rôtie, ôtez-
en les nerfs et les peaux, et coupez ces chairs
par petits morceaux bien minces ; mettez un
peu de glace de volaille dans de la sauce béchamel, faites bouillir ce mélange en le tournant constamment avec une cuiller de bois ;
lorsque cette sauce sera convenablement réduite, vous jetterez dedans les morceaux de
volaille, puis vous mettrez cette préparation
dans des coquilles ; vous sèmerez dessus un
peu de mie de pain, que vous arroserez ensuite avec quelques gouttes de beurre fondu,
et vous ferez prendre couleur à ces coquilles
dans le four de campagne.

Côtelettes de pigeons sautées.

Levez les filets de plusieurs pigeons ; parez-
les de manière à leur donner la forme de petites côtelettes, et fichez dans chaque morceau

un os de l'aileron que vous aurez approprié
en conséquence. Faites sauter ces côtelettes
au beurre, en ayant soin de les retourner
quand elles seront cuites d'un côté; quand elles
seront entièrement cuites, vous les dresserez
en couronne, puis vous mettrez dans le plat à
sauter un peu de sauce espagnole, un peu de
glace de viande; vous ferez réduire pendant
quelques instants, et vous verserez cette sauce
sur les côtelettes.

Côtelettes de poulets.

Levez les filets de plusieurs poulets bien
charnus; taillez-les par morceaux, et enfon-
cez dans chaque morceau un os de côte, de
sorte que cela ressemble tout-à-fait à une
petite côtelette de mouton; trempez ces côtelettes dans des œufs battus et assaisonnés
comme pour une omelette, puis trempez-les
dans de la mie de pain, faites-les griller sur un
feu doux, et dressez-les sur un peu de jus de
viande.

Crêtes et rognons de coq au velouté.

Après avoir fait dégorger et blanchir des
crêtes et des rognons de coq, vous les ferez
cuire dans un blanc préparé comme il est dit
au chapitre III, puis vous les mettrez dans
une casserole avec du velouté, de la glace de
volaille, et vous les ferez bouillir pendant
quelques instants. Au moment de servir, liez
ce ragoût avec des jaunes d'œufs, et ajoutez-
y un jus de citron.

Croquettes de dindon.

Levez les filets et le gros des cuisses d'un dindon cuit à la broche et refroidi ; ayez soin d'en extraire les peaux et les nerfs ; coupez ces chairs en très-petits morceaux carrés, et mettez-les dans une casserole avec un peu de sauce béchamel réduite et un morceau de beurre fin, sel, poivre, muscade. Faites chauffer le tout, mêlez-le bien, puis vous le laisserez refroidir, et vous le distribuerez par petites portions. Saupoudrez ces petites portions avec de la mie de pain ; donnez-leur une forme longue, ronde ou ovale ; trempez-les dans des œufs battus et assaisonnés de sel et de poivre, puis dans de la mie de pain, et faites-les frire. Dressez-les en buisson, avec un peu de persil frit au sommet.

Cuisses d'oie à la lyonnaise.

Mettez de la graisse d'oie sur un plat à sauter, posez les cuisses d'oie sur cette graisse, et faites-les cuire en le retournant de temps en temps. Coupez des ognons en anneaux ; faites-les frire dans de la graisse d'oie ; puis vous dresserez les cuisses sur une sauce poivrade.

Cuisses d'oie à la purée.

Après avoir désossé des cuisses d'oie jusqu'au joint de l'intérieur ; vous saupoudrerez les chairs d'un peu de sel et de poivre, et remplirez le vide avec du lard haché bien menu, puis vous coudrez les peaux et vous mettrez ces cuisses dans une casserole entre des bar-

des de lard ; vous ajouterez quelques parures
de viande, un bouquet garni, deux ou trois
carottes, autant d'ognons ; vous mouillerez
avec du consommé, et vous ferez cuire sur un
feu très-doux. Lorsque les cuisses seront cuites, vous en ôterez le filet, vous les dresserez
sur une purée de légumes ou de racines, et
vous les glacerez de la glace de volaille.

Cromesquis de volaille.

La préparation est la même que pour les
croquettes de volaille ; on roule chaque petite
portion de la même manière ; mais au lieu de
les paner, on les trempe dans une pâte à frire.
Dressez, et servez comme il est dit ci-dessus.

Croquettes de poularde.

Enlevez les blancs d'une poularde rôtie et refroidie, coupez-les en morceaux carrés fort
petits. D'autre part, vous ferez réduire de la
sauce béchamel, vous y ajouterez de la muscade ; un peu de gros poivre, un morceau de
beurre fin ; vous verserez cette préparation sur
les blancs de poularde coupés comme nous
venons de le dire, et vous laisserez refroidir
le tout. Divisez ensuite cette préparation par
petits tas ; saupoudrez-les de mie de pain, afin
de leur donner de la consistance ; donnez-leur
une forme agréable ; trempez-les dans des
œufs battus et assaisonnés comme pour une
omelette, puis dans de la mie de pain ; faites-
les frire, dressez-les en rocher, et mettez un
peu de persil frit au sommet

Cuisses de dindon à la sauce Robert.

Salez et poivrez les cuisses d'un dindon cuit à la broche et refroidi ; faites-y des incisions dans toute leur étendue ; faites-les griller sur un feu doux, et saucez-les avec une sauce Robert.

Cuisses de poulet à la Périgueux.

Epluchez et hachez des truffes ; faites-les sauter dans de l'huile avec une certaine quantité de lard râpé, du poivre et du sel ; puis vous les laisserez refroidir et vous en farcirez des cuisses de poulet que vous aurez désossées comme il est dit à l'article précédent ; vous les coudrez ensemble, et vous les ferez cuire dans une casserole avec des bardes de lard dessus et dessous, des parures de viande, des épluchures de truffes, deux ou trois ognons et carottes coupés en tranches, le tout mouillé avec du consommé. Faites ensuite égoutter les cuisses ; ôtez-en le fil, dressez-les, et masquez-les avec un ragoût de truffes.

Cuisses de poulet au soleil.

Désossez des cuisses de poulet jusqu'au joint de l'intérieur, puis vous les ferez revenir dans du beurre avec un bouquet garni, du poivre et du sel, un ognon piqué de deux clous de girofle ; saupoudrez-les de farine ; mouillez avec du consommé ; ajoutez des champignons, et faites bouillir sur un feu modéré jusqu'à ce que le tout soit cuit ; ôtez les cuisses, dégraissez la sauce, passez-la et faites-la réduire ; liez cette sauce avec des jaunes d'œufs, versez-la

sur les cuisses de poulet, laissez refroidir, et
trempez-les dans de la mie de pain ; trempez-
les ensuite dans des œufs battus et assaisonnés comme pour une omelette, et une seconde
fois dans de la mie de pain ; faites frire ces
cuisses de poulet ; faites frire en même temps
un peu de persil ; dressez les cuisses et mettez
le persil dessus.

Cuisses de poularde aux truffes.

Préparez et faites cuire les cuisses de poularde comme il est dit à l'article précédent ;
dressez-les, et versez dessus un ragoût de
truffes.

Cuisses de poularde aux champignons.

Après avoir désossé des cuisses de poularde
jusqu'au joint de l'intérieur, vous assaisonnerez les chairs de sel et de poivre, puis vous les
remplirez avec moitié purée de champignons
et moitié farce cuite. Faites cuire ces cuisses,
entre des bardes de lard, dans une casserole
avec quelques parures de viande, ognons,
carottes, bouquet garni, le tout mouillé avec
du consommé. Faites-les égoutter ensuite ;
ôtez le fil avec lequel vous aurez cousu les
peaux. D'autre part, vous ferez revenir des
champignons dans du beurre, puis vous les
ferez cuire dans du velouté ; vous y ajouterez
un peu de muscade, un jaune d'œuf, un jus de
citron, puis vous verserez cette préparation
sur les cuisses de poularde que vous aurez
dressées.

Cuisses de poularde à la bayonnaise

Après que vous aurez désossé des cuisses de

poularde, faites-les mariner pendant une ou deux heures dans du jus de citron, avec une feuille de laurier, une gousse d'ail, du poivre et du sel; ensuite vous les saupoudrerez de farine et vous les ferez frire. Lorsqu'elles seront presque cuites, vous jetterez dans la friture des ognons émincés. Lorsque ces derniers seront de belle couleur, et que les cuisses seront cuites, vous dresserez celles-ci, vous arrangerez dessus les tranches d'ognons, et vous mettrez dessous une sauce poivrade.

Cuisses de poularde en ballotine.

Prenez une égale quantité de jambons, ris-de-veau, foies gras, des truffes, des champignons, des culs d'artichauts; faites cuire les viandes et les légumes à part dans du consommé, puis vous couperez le tout en petits morceaux carrés, vous le jetterez dans une sauce espagnole réduite, et vous mêlerez bien cette préparation. D'autre part, vous lèverez les cuisses d'une poularde, vous les désosserez, vous en étendrez les chairs, en ayant soin de ne pas en endommager la peau, puis vous garnirez l'intérieur avec de la préparation dont nous venons de parler; vous coudrez les peaux de manière à ce que les cuisses soient arrondies et de belle forme, et vous enfoncerez les pattes dedans jusqu'à moitié. Les cuisses étant ainsi préparées, vous les mettrez dans une casserole avec des bardes de lard dessous et dessus, des tranches de citron, des parures de viande, deux ognons, deux carottes, un bouquet garni; vous mouillerez le tout avec du consommé ou du bouillon, et vous le ferez bouillir sur un feu modéré pendant une heure et demie. Otez ensuite les cuisses; faites-les égoutter et refroidir, et décorez-en la surface en enfonçant dans la peau de petits morceaux de truffes taillés en forme de clous. Mettez sur un plat à sauter un peu de glace de viande; posez les cuisses de poularde dessus, et faites-les chauffer à petit feu; lorsque vous serez sûr que la chaleur aura atteint l'intérieur, vous dresserez les cuisses de poularde avec une sauce à la financière.

Cuisses de poularde à la nivernaise.

Désossez à moitié des cuisses de poularde et faites-les cuire dans du consommé avec deux carottes, deux ognons, du lard et quelques parures de viande. Dressez les cuisses dès qu'elles seront cuites, et versez dessus une sauce nivernaise.

Dinde à la Godard.

Après avoir flambé et troussé une dinde, vous la ferez revenir dans du beurre, afin que les chairs en soient plus fermes, et vous en piquerez l'estomac avec du lard fin, puis vous la ferez cuire comme il est dit à l'article *Dindon en daube.* Faites ensuite égoutter la dinde; dégraissez et passez le fond de cuisson; faites-le réduire de moitié; vous remettrez ensuite la dinde dedans, et vous la ferez bouillir avec du feu dessous et dessus. Lorsque la dinde aura pris couleur, vous la dresserez sur un ragoût à la financière, et vous verserez dessus le fond de cuisson que vous aurez fait réduire à glace.

Dinde à la flamande.

Flambez, troussez et bridez une dinde, et faites-la cuire dans une casserole avec des bardes de lard, des parures de viande, un bouquet garni, deux carottes, deux ognons, le tout mouillé avec du bouillon. Lorsque la dinde sera cuite, vous la ferez égoutter, vous le débriderez et la dresserez; puis vous arrangerez autour des laitues cuites dans du consommé, et vous verserez dessus une sauce à la flamande.

Dinde à la providence.

Faites cuire dans du consommé deux douzaines de petites sauces dites *à la chipolata*, autant de morceaux de petit lard, autant de truffes, autant de champignons, autant de marrons. Préparez une dinde comme pour la truffer, et vous lui mettrez dans le corps la moitié de ces ingrédiens, puis vous la ferez cuire dans une braisière avec des bardes de lard, des tranches de jambon, un jarret de veau, des parures de viande, trois ou quatre ognons et carottes, et un bouquet garni, le tout mouillé avec du consommé. Lorsque la dinde sera cuite, vous la ferez égoutter et la dresserez, puis vous dégraisserez, clarifierez et ferez réduire votre fond de cuisson ; vous mettrez dedans l'autre moitié des ingrédiens dont nous avons parlé, et vous verserez ce ragoût sur la dinde.

Dinde aux truffes.

Brossez et pelez une certaine quantité de truffes (si la dinde est forte, il n'en faut pas moins de quatre livres); hachez les pelures, et mettez-les dans une casserole avec la graisse que vous aurez retirée de l'intérieur de la dinde, et autant de lard râpé; ajoutez du sel et du poivre, et faites sauter cela sur le feu jusqu'à ce que la graisse et le lard soient bien fondus. Laissez ensuite refroidir cette préparation, puis vous en emplirez le corps de la dinde; bardez-la, ficelez-la, et au bout de deux ou trois jours, mettez-la à la broche; vous la servirez de belle couleur avec une sauce espagnole, dans laquelle vous aurez mis quelques truffes hachées.

DU DINDON.

Il est très-important de savoir choisir le dindon : ceux que l'on engraisse avec des marrons d'Inde sont amers et insupportables; on les reconnaît à leur chair jaune. Un bon dindon a la chair blanche et ferme; les jeunes seuls se font rôtir; les vieux s'emploient en daube, en galantine et de plusieurs autres manières que nous allons indiquer.

Dindonneau en salade.

Préparez et dressez un dindonneau comme celui dit *en mayonnaise (Voir cet article plus haut)* ; puis vous l'entourerez de cœurs de laitues, olives, câpres, anchois, cornichons, et vous le servirez avec un huilier, comme pour une salade.

Dindonneau peau de goret.

Flambez, troussez et bridez un dindonneau; faites-le cuire à la broche, en l'arrosant souvent avec de l'huile, et en semant dessus du sel fin; lorsqu'il sera cuit, vous le dresserez sur une sauce dite *à la diable.*

Dindonneau en mayonnaise.

Coupez par morceaux un dindonneau rôti, et sautez-le à froid dans de l'huile et du vinaigre, avec du sel, du poivre et une ravigote hachée. Dressez les morceaux du dindon sur un plat; masquez-les avec une mayonnaise, et décorez cette mayonnaise avec des cornichons, des câpres, des anchois et de la gelée de viande.

Dindon en daube.

Videz, flambez et ficelez un dindon; enlevez-lui les pattes, le cou et les ailerons, et mettez-le dans une casserole avec des bardes de lard dessous et dessus, des parures de viande, des tranches de jambon, un morceau de jarret et un pied de veau, un bouquet garni, quelques carottes et ognons; mouillez le tout avec du consommé, et faites-le cuire avec feu dessous et dessus. Otez le dindon de la braisière avec précaution; quand il sera cuit, dressez-le sur un plat; entourez-le des ognons et carottes qui auront cuit en même temps, puis vous verserez dessus un peu de fond de cuisson que vous aurez passé, dégraissé et fait réduire. Si vous voulez servir le dindon froid, vous l'ôterez également de la braisière dès qu'il sera cuit,

et vous le laisserez refroidir ; puis vous passerez et dégraisserez le fond de cuisson ; vous le
ferez réduire , et le clarifierez en mettant dedans, au fur et à mesure qu'il bouillira , des
blancs d'œufs battus dans de l'eau, et en l'écu-
mant avec soin ; passez-le dans un linge blanc,
et déposez-le dans un endroit frais, pour qu'il
se congèle plus promptement. Lorsque vous
voudrez servir , décorez le dindon avec des
cornichons, des ognons confits , des olives
tournées et des morceaux de gelée taillés d'une
manière agréable.

Dindon en galantine.

Désossez entièrement un fort dindon , en
commençant par le dos, et en ayant soin de ne
pas endommager la peau , puis vous lèverez
les chairs de l'estomac et des cuisses ; hachez
et pilez ces chairs avec une égale quantité de
rouelle de veau et de lard râpé, du sel, du poivre et des fines herbes. Cela étant préparé, et
votre dindon étant bien étendu, vous ferez une
couche de farce sur les chairs du dindon ; vous
arrangerez sur cette farce des lardons bien assaisonnés, des truffes entières bien épluchées,
des pistaches, de la langue à l'écarlate , des
blancs de volaille, puis vous ferez une seconde
couche de farce que vous garnirez de la même
manière, et ainsi de suite jusqu'à ce qu'il ne
vous en reste plus. Cousez ensuite la peau du
dindon, et ficelez-le de manière à lui donner
une forme longue, puis vous le couvrirez de
bardes de lard sur lesquelles vous mettrez
quelques feuilles de laurier, et vous l'envelop-

perez dans un linge blanc que vous maintiendrez avec de la ficelle, et vous le ferez cuire dans une casserole ou braisière avec du lard, des tranches de jambon, des parures de viande, un jarret de veau, trois ou quatre carottes, autant d'ognons, un bouquet garni, le tout mouillé avec du consommé. Trois heures de cuisson suffisent, après quoi on ôte la galantine, on la fait égoutter, on la laisse refroidir et on la déballe. Dégraissez et passez le fond de cuisson; faites-le réduire, et clarifiez-le avec des blancs d'œufs battus dans de l'eau; donnez-lui une belle couleur à l'aide d'un peu de caramel, et déposez-le dans un endroit frais pour qu'il se congèle. Lorsque vous voudrez servir la galantine, vous la dresserez sur un plat ovale et vous la décorerez avec cette gelée que vous couperez de différentes manières.

Dindon en tortue.

Désossez entièrement un jeune dindon, en lui laissant cependant les pattes et les ailerons; saupoudrez les chairs de sel et de poivre, et étendez dessus un peu de farce cuite dont vous trouverez la recette au chapitre III; sur cette farce, vous mettrez un salpicon préparé comme il est dit au même chapitre, puis vous recoudrez les chairs du dindon, vous le briderez et vous le ferez cuire dans une braisière avec des bardes de lard, des tranches de citron, un bouquet garni, le tout mouillé avec moitié consommé et moitié vin de Madère. Faites ensuite égoutter le dindon, débridez-le. Vous figurerez les pattes et la tête d'une tortue avec des écrevisses que vous piquerez sur les côtés et sur l'estomac du dindon, puis vous incrusterez la peau de truffes coupées en quadrilles. Préparez un ragoût à la financière; dressez-le, posez votre dindon dessus, glacez-le . et servez.

Dindon à la régence.

Après avoir flambé et troussé un dindonneau, vous le ferez revenir dans du beurre, pour que les chairs en soient fermes, et vous piquerez l'estomac avec du lard fin, puis vous le ferez cuire comme il est dit à l'article précédent. Préparez un ragoût à la financière, dressez ce ragoût sur un plat ovale ; posez votre dindonneau dessus, glacez-le, et servez.

Dindon en surprise.

Troussez et bridez un dindon, et faites-le cuire à la broche ; lorsqu'il sera cuit, laissez-le refroidir, levez-en l'estomac, et remplissez-le entièrement avec un salpicon ; bouchez avec de la farce cuite l'ouverture que vous aurez faite ; semez dessus de la mie de pain mêlée de fromage râpé ; arrosez un peu cette mie de pain avec du beurre fondu, et couvrez le dindon avec un four de campagne, afin que cette préparation se colore. Faites réduire un peu de sauce allemande, dressez le dindon dessus, et servez.

Eminé de poularde.

Levez les chairs d'une poularde rôtie que

vous aurez laissé refroidir ; ôtez-en avec soin les nerfs et les peaux ; coupez ces chairs par petits morceaux bien minces ; jetez-les dans une sauce aux truffes bien chaude, et servez avant que cette sauce bouille.

Escalope de foies gras.

Faites dégorger, blanchir, rafraîchir et égoutter des foies gras puis vous les couperez par petits morceaux ronds et minces, et vous les ferez sauter dans du beurre avec des truf- fes et des champignons coupés de la même ma- nière, du sel et du gros poivre; ajoutez ensuite un peu de glace de viande, un peu de sauce espagnole et autant de vin de Madère. Les escalopes de foies gras étant cuites, dressez- les, faites réduire la sauce et versez-la dessus; mettez autour des croûtes de pain frites dans du beurre.

Filets de canard à l'orange.

Levez des filets de canard, et faites-les ma- riner dans de l'huile avec un ognon coupé par tranches, du persil, du sel et du poivre. Em- brochez les filets avec un atelet, couchez cet atelet sur la broche, et faites tourner pendant trois quarts-d'heure. Débrochez ensuite les filets et mettez-les dans un peu de glace de viande bien chaude. D'autre part, vous ferez réduire un peu de sauce espagnole; vous y ajouterez le jus d'une orange, un peu de zeste, du gros poivre. Versez cette sauce sur un plat, et dressez dessus les filets bien gla- cés.

Filets de poularde en demi-deuil.

Vos filets de poularde étant levés et parés, vous les incrusterez de truffes coupées en forme de clous, puis vous les ferez sauter au beurre en même temps que les filets mignons non incrustés ; le tout étant cuit, vous dresserez les filets en couronne, en mettant successivement un filet truffé et un non truffé ; puis vous mettrez dans une casserole un peu de glace de volaille, un peu de velouté, un peu de beurre fin et du persil haché bien menu ; vous ferez bouillir le tout, vous le passerez au tamis de soie et vous le verserez bien chaud sur les filets dressés, comme nous venons de le dire.

Filet de poulet au suprème.

Après avoir levé les filets d'un poulet, parez-les avec soin et faites-les sauter au beurre avec des fines herbes hachées, du poivre et du sel. Lorsque ces filets seront cuits, sans attendre qu'ils aient pris couleur, vous ôterez le beurre dans lequel ils auront cuit, et vous le remplacerez par du velouté préparé comme il est dit au chapitre III, et réduit de moitié. Dressez les filets en mettant alternativement un filet et un croûton frit dans le beurre, et glacé ; versez dessus le velouté, et servez.

Filets de poularde à la béchamel.

Laissez refroidir une poularde cuite à la broche, puis vous en lèverez les filets, vous les parerez, vous les couperez par petits morceaux bien minces, et vous les mettrez dans une cas-

scrole avec un peu de sauce béchamel, un peu
de gl ce de volaille et un peu de muscade râpée. Faites chauffer le tout, sans cependant
le faire bouillir ; mélangez-le bien, puis
dressez ce ragoût, et mettez tout autour des
morceaux de mie de pain d'une forme agréable, et que vous aurez fait frire dans du
beurre.

Filet de poularde au suprême.

Après avoir levé des filets de poularde, parez-les, en ayant soin d'en extraire les peaux et
les nerfs ; puis faites-les sauter au beurre avec
du poivre, du sel et du persil haché bien menu.
D'autre part, vous mettrez dans un peu de sauce
béchamel des fines herbes, un peu de consommé et un petit morceau de beurre fin ; vous
ferez réduire cette préparation, puis vous mettrez dedans les filets de poularde sautés comme
nous venons de le dire ; dressez ces filets en
forme de couronne, en mettant entre chacun
un morceau de mie de pain d'une forme
agréable, et frite dans du beurre, et versez
au milieu la sauce à laquelle vous aurez
ajouté des truffes coupées en ronds très-
minces.

Filets de poularde à la maréchale.

Après avoir levé plusieurs filets de poularde,
vous les tremperez dans de l'eau fraîche, et
vous les collerez deux par deux en les mettant
l'un sur l'autre, et les battant avec une spatule.
Panez-les ensuite en les trempant d'abord dans
de la sauce allemande, puis dans de la mie de
pain assaisonnée de poivre et de sel, ensuite

dans du beurre tiède, et encore dans de la
mie de pain, et en troisième lieu dans des
œufs battus et assaisonnés comme pour une
omelette, et pour la dernière fois dans de la
mie de pain. Faites griller les filets ainsi préparés, et dressez-les sur un peu de glace de
viande.

Filets de poularde à la vénitienne.

Parez des filets de poularde et faites-les sauter à l'huile avec un peu d'ail pilé. Lorsque les
filets seront cuits, vous les dresserez, puis vous
ôterez l'huile de dessus le plat à sauter, et
vous la remplacerez par un peu de velouté et
autant de glace de volaille; faites bouillir ce
mélange en y ajoutant un peu de fines herbes
et du jus de citron; passez cette sauce et versez-la sur les filets.

Foies gras en caisse.

Après avoir fait une caisse de papier comme
pour les biscuits, vous l'huilerez bien de tous
les côtés, et vous garnirez le fond avec un peu
de farce de volaille préparée comme il est dit
ci-dessus. Passez vos foies gras au beurre avec
des fines herbes et des champignons hachés,
muscade, poivre et sel, puis vous mettrez
cette préparation dans la caisse dont nous venons de parler. Mettez cette caisse sur le gril,
et posez ce dernier sur un feu très-doux.
D'autre part, vous ferez réduire de la sauce à
l'espagnole, dans laquelle vous mettrez un
peu de beurre fin et un jus de citron. Lorsque
la caisse sera cuite, vous la dresserez et vous
verserez cette sauce dessus.

Foies gras au gratin.

Etendez sur un plat qui puisse aller au feu un peu de farce cuite ; dressez sur ce plat, en forme de couronne, des foies gras que vous aurez préalablement fait dégorger et blanchir ; garnissez les intervalles avec de la farce, puis vous mettrez sur les foies des bardes de lard, vous les couvrirez avec un papier beurré, vous mettrez le plat sur un feu un peu ardent, et mettrez un four de campagne dessus. Faites réduire de la sauce espagnole comme il est dit à l'article précédent, et lorsque les foies seront cuits, vous verserez cette sauce au milieu.

Foies gras en atelets.

Les foies gras étant bien dégorgés et blanchis, vous les ferez cuire dans du consommé avec un peu de beurre et un jus de citron ; coupez-les ensuite en petits morceaux carrés ; coupez de la même manière des truffes et de la langue à l'écarlate ; embrochez ces morceaux avec des atelets, en mettant successivement un morceau de foie gras, un morceau de truffe et un morceau de langue à l'écarlate. Versez sur ces atelets une sauce allemande bien réduite, et laissez-les refroidir ; panez-les ensuite, en les trempant successivement dans des œufs battus et assaisonnés comme pour une omelette, puis vous les ferez griller sur un feu doux, et vous les servirez quand ils seront bien jaunes.

Foies gras à la Périgueux.

Les foies gras étant bien dégorgés et blanchis, vous les ferez rafraîchir et égoutter; puis
vous les piquerez avec des truffes taillées en
forme de clous. Mettez-les ensuite dans une
casserole, avec des bardes de lard dessous et
dessus; deux ognons, autant de carottes, du
sel, du gros poivre et un bouquet garni;
mouillez le tout avec un verre de vin blanc et
autant de consommé, ou bien avec une sauce
mirepoix. Couvrez cette préparation avec un
rond de papier beurré et faites-la bouillir
pendant vingt minutes. Otez les foies gras,
faites-les égoutter, dressez-les, et versez dessus une sauce à la Périgueux.

Foies gras à l'espagnole.

Faites dégorger, blanchir et revenir dans
du beurre les foies gras comme il est dit à l'article précédent, en y ajoutant les mêmes ingrédiens, puis vous les laisserez refroidir, et
vous les pilerez en y ajoutant autant de tétine
de veau qu'il y a de foies, un morceau de mie
de pain trempée dans du lait et plusieurs jaunes d'œufs. Passez cette farce, mettez-la dans
un moule et faites-la cuire comme il est dit à
l'article précédent. Dressez cette préparation
dès qu'elle sera cuite, et versez dessus une
sauce aux truffes.

Foies gras à la gelée.

Faites dégorger et blanchir plusieurs foies
gras, puis vous les ferez revenir dans du beurre,
avec des fines herbes, des champignons hachés,

du sel et du poivre , thym , laurier , clous de
girofle. Mettez ensuite refroidir les foies,
puis vous les mettrez dans un mortier avec
une certaine quantité de lard râpé, et vous pilerez bien le tout ensemble; ajoutez ensuite
un peu de mie de pain trempée dans du lait ,
des jaunes d'œufs, et pilez de nouveau. Passez
ensuite cette farce au tamis, puis vous mettrez dedans des truffes, des champignons,
de la langue à l'écarlate et de la tétine de
veau, le tout coupé en petits morceaux carrés.
Mêlez bien le tout ensemble et mettez cette
préparation dans un moule à aspic que vous
aurez beurré ; couvrez le moule avec un papier
beurré d'abord et un couvercle de casserole ;
mettez-le au bain-marie, et posez un feu très-
ardent sur le couvercle. Cette préparation
étant cuite, ôtez le moule du feu et laissez-le
refroidir. Lorsque vous voudrez servir le foie
gras , vous tremperez le moule dans de l'eau
tiède, vous l'essuierez , puis vous mettrez un
plat dessus et vous le renverserez. Garnissez
les foies gras avec de la gelée taillée en morceaux de forme agréable.

Foies gras en matelote.

Préparez et faites cuire les foies gras à la
braise , et, au moment de les servir, vous verserez dessus un ragoût à la financière.

Foies gras en coquilles.

Après avoir fait dégorger et blanchir des
foies gras comme il est dit ci-dessus, vous les
couperez par lames bien minces; vous couperez de la même manière des truffes et des cham-

pignons, et vous ferez revenir le tout dans du beurre avec de la muscade, du sel et du poivre, et des fines herbes hachées; mouillez-les ensuite avec de la sauce espagnole réduite; laissez-les bouillir pendant quelques instans, et mettez cette préparation dans des coquilles; semez dessus un peu de mie de pain que vous arroserez avec du beurre fondu, puis vous mettrez ces coquilles sous le four de campagne pour leur faire prendre couleur.

Fricassée de poulet.

Dépecez un poulet, parez-en les morceaux et faites-les tremper dans l'eau fraîche pendant une heure, puis vous les ferez revenir dans du beurre, sans cependant leur faire prendre couleur; saupoudrez-les avec un peu de farine; remuez bien le tout, mouillez-le avec du consommé, et ajoutez un bouquet garni, des champignons et des petits ognons. La fricassée étant cuite, liez-la avec de jaunes d'œufs; ajoutez-y un jus de citron, dressez-la, et décorez-la de quelques écrevisses.

Fricassée de poulet à la chevalière.

Il faut que le poulet que vous voulez mettre à la chevalière soit fort et bien charnu. Vous lèverez d'abord les filets, vous les piquerez avec du lard très-fin, et vous les ferez sauter au beurre. Dépecez ensuite le poulet, faites-en revenir les membres dans du beurre, puis agissez comme pour une fricassée ordinaire. Le tout étant cuit, vous dresserez les membres du poulet en couronne; vous ferez réduire la sauce, vous la verserez au milieu avec les ognons et champignons, et vous poserez dessus les filets, que vous aurez laissé tomber sur glace.

Fricassée de poulet à la gelée.

Dépecez et faites cuire un poulet comme pour une fricassée ordinaire; dressez-le, mettez dans la sauce de la gelée de viande, des crêtes et des rognons de coq, des champignons; faites bouillir le tout jusqu'à ce que ce mélange soit réduit de moitié, puis vous y mettrez une liaison de jaunes d'œufs, un jus de citron, et vous verserez cette préparation sur le poulet, que vous aurez tenu chaud.

Fricassée de poulet à la Saint-Lambert.

Le poulet étant dépecé comme pour une fricassée ordinaire, mettez-le dans une casserole avec de la glace de racines préparée comme il est dit au chapitre III, et faites-le cuire sur un feu modéré. D'autre part, vous ferez cuire, dans du consommé, des navets et des carottes bien tournés en petits bâtons, et des petits ognons. Lorsque le poulet sera cuit, vous le dresserez, puis vous mettrez les ognons, carottes et navets dans la glace de racines et vous verserez le tout sur le poulet.

Friteau de poulet.

Le poulet étant dépecé comme pour une fricassée, vous le ferez mariner dans de l'huile mêlée de jus de citron ou de vinaigre, avec des branches de persil, des ognons coupés par tranches, du sel et du poivre. Laissez le dans cette marinade pendant deux heures, puis vous saupoudrerez tous les morceaux avec de la farine, et vous les ferez frire dans de l'huile. Faites frire de la même manière des ognons coupés en anneaux. Préparez une sauce à l'huile, dressez le poulet sur cette sauce ; arrangez les anneaux d'ognons sur le poulet, et servez.

Hachis de poularde.

Enlevez les chairs d'une poularde cuite à la broche et refroidie ; hachez ces chairs et mettez-les dans une sauce béchamel avec de la muscade, du sel, du gros poivre et un peu de beurre fin ; mêlez bien le tout ensemble, faites-le chauffer jusqu'à ce qu'il soit près de bouillir ; vous dresserez ensuite ce hachis sur un plat bien chaud, puis vous mettrez dessus des œufs pochés, et vous l'entourerez avec des morceaux de mie de pain taillés d'une forme agréable et frits dans du beurre.

Oie en daube.

Après avoir paré une oie, comme ci-dessus, piquez-la avec des lardons moyens bien assaisonnés et marinés, avec du sel, poivre et fines herbes hachées. Ficelez-la ensuite, et faites-la cuire dans une braisière avec moitié bouillon, moitié vin blanc, avec un peu d'eau-de-vie, du sel, du poivre et un bouquet garni. L'oie étant cuite, vous la dresserez sur un plat ; puis vous passerez et dégraisserez le fond de cuisson, vous le ferez réduire et le verserez sur l'oie. Laissez refroidir, et servez quand le tout sera en gelée.

Oies farcies de marrons.

Otez la première peau à certaine quantité de marrons, et jetez-les dans de l'eau bouillante, afin de pouvoir enlever la seconde peau. Hachez une partie de ces marrons, et mettez-les dans une casserole, ainsi que ceux que vous laisserez entiers ; vous mettrez en même temps une demi-livre de chair à saucisses, un fort morceau de beurre, un peu de panne de cochon, le foie de l'oie, des échalotes, du persil, de la ciboule et la moitié d'une gousse d'ail hachés. Après avoir passé tout cela au feu pendant dix minutes, vous en emplirez le corps de l'oie, et vous la ferez cuire à la broche. D'autre part, vous ferez cuire des marrons dans du consommé, puis vous les mettrez dans une sauce espagnole réduite ; versez ce ragoût sur un plat, et dressez l'oie dessus.

Oie à la providence.

Lavez, brossez et pelez trois ou quatre livres de truffes, selon que l'oie est plus ou moins forte. Mettez dans une casserole toute la graisse que vous pourrez retirer de votre oie ; mettez en même temps les truffes et les pelures de truffes que vous aurez hachées bien menu. Passez le tout au feu pendant un quart-d'heure, puis vous emplirez le corps de l'oie avec cette préparation ; cousez et bridez l'oie, et faites-la cuire dans une braisière avec des tranches de jambon, des morceaux de veau, quelques ognons et carottes, un bouquet garni, le tout mouillé avec moitié consommé et

moitié vin de Madère. Faites cuire à part, dans
du consommé, deux douzaines de petites saucisses, autant de morceaux de petit lard, autant de truffes, autant de champignons, autant de marrons, autant de quenelles de
volaille, autant de crêtes et rognons de coq.
L'oie étant cuite, dégraissez et passez le fond
de cuisson, et mettez dedans tous les ingrédiens dont nous venons de parler. Dressez l'oie,
mettez la garniture autour et versez la sauce
dessus.

Oie rôtie.

Flambez, épluchez et videz votre oie, trous-
sez-la, les pattes en dehors, bridez-la, et mettez-la à la broche; pendant qu'elle cuira, vous
sèmerez dessus un peu de sel fin. Cinq quarts-
d'heure de cuisson suffisent.

Des ortolans, des rouge-gorges, etc.

Ces petits oiseaux pourraient être classés
parmi le gibier; cependant, comme on en élè-
ve maintenant en volière, nous dirons ici
qu'ils ne sont véritablement bons qu'à la broche. Pour les faire rôtir, on les enveloppe
chacun dans une petite barde de lard fort
mince; on les embroche avec des atelets que
l'on attache ensuite sur une broche, et on
leur donne un quart-d'heure de cuisson.

Le roi Louis XVIII, dont les talens culinai-
res étaient justement appréciés, ne mangeait
les ortolans qu'en purée, avec des truffes; et,
dans ce cas, il les préparait lui-même. Un
jour il en mangea une énorme quantité en
compagnie du duc d'Escars, son convive ordi-

naire en pareille circonstance ; le duc en eut une indigestion , dont il mourut. « Ce pauvre d'Escars, dit le roi, j'étais bien sûr d'avoir un meilleur estomac que lui. »

Il paraît cependant que cette purée d'ortolans est un mets peu estimé des gourmets, car on semble y avoir renoncé. Peut-être aussi le prince a-t-il emporté dans la tombe le secret de la faire bonne.

DU PIGEON.

Les meilleurs pigeons sont les *cauchois* et ceux dits *de volière;* cependant on emploie aussi très-souvent en cuisine les pigeons bisets. Il y a deux autres sortes de pigeons , qui sont le pigeon *gautier*, dont on fait des garnitures; et le *ramier* ou pigeon sauvage, qui n'est bon que jeune et rôti.

Pigeon à la casserole.

Videz et flambez un beau pigeon de volière; troussez-lui les pattes dans le corps, et fendez-le par le dos, saupoudrez-le de sel , poivre et aromates pilés, puis vous le mettrez dans une casserole avec un morceau de beurre fin , et vous le ferez cuire sur un feu très-ardent, en ayant soin de le retourner souvent. Dressez le pigeon quand il sera cuit, puis vous mettrez dans la casserole un peu de velouté réduit, un jus de citron ; vous mêlerez bien le tout, et vous le verserez sur le pigeon.

Pigeons en compote.

Videz et flambez de jeunes pigeons; troussez-leur les pattes dans le corps ; supprimez

les ailerons et le cou, et mettez-les dans une
casserole avec un morceau de beurre. Lorsqu'ils seront bien revenus, vous les saupoudrerez de farine et vous mouillerez avec moitié
vin blanc et moitié consommé; vous ajouterez
un peu de sel, du gros poivre, un bouquet
garni, des truffes et des champignons, des ris-
de-veau, des foies gras. Faites cuire sur un
feu modéré, puis vous dresserez les pigeons,
et vous mettrez une garniture autour. Passez
et dégraissez le fond de cuisson; faites-le réduire, ajoutez-y un jus de citron, et versez-
le sur les pigeons.

Pigeons à la financière.

On se sert, pour mettre à la financière, de
pigeons dits *gautiers*. Après les avoir flambés
et troussés, on les fait revenir dans du beurre,
avec un jus de citron, un peu de sel et du gros
poivre, puis on les mouille avec du consommé;
on ajoute des bardes de lard, des tranches de
jambon, des parures de viande, des carottes et
ognons, et un bouquet garni. Dressez les pigeons quand ils seront cuits, et versez dessus
un ragoût à la financière.

Pigeons en macédoine.

Après avoir troussé et bridé des pigeons,
mettez-les dans une casserole, entre des bardes de lard, avec des tranches de jambon et
de veau, des ognons, des carottes, un bouquet
garni; mouillez le tout avec du consommé, et
faites cuire sur un feu peu ardent. Débridez
les pigeons quand ils seront cuits; dressez-

des en couronne, et versez dans le milieu du
plat une macédoine de légumes.

Pigeon aux petits pois.

Le pigeon étant vidé et flambé, vous lui
trousserez les pattes en dedans, et vous le
couperez en deux, puis vous le mettrez dans
une casserole avec un bouquet de persil, un
fort morceau de beurre fin, un litre de petits
pois, le tout mouillé avec du bouillon. Faites
bouillir doucement jusqu'à ce que le tout soit
cuit, puis vous dresserez le pigeon; vous mettrez dans les pois une liaison de jaunes d'œufs,
un peu de beurre manié avec une pincée de
farine; vous remuerez bien le tout sans le
mettre sur le feu, de peur que la liaison ne
tourne, et vous le verserez sur le pigeon,
après avoir ôté le bouquet de persil.

Pigeons ramiers braisés.

Ayez des ramiers bien jeunes, c'est-à-dire
des *ramereaux ;* après les avoir vidés et
flambés, vous les parerez, et vous les ferez
cuire dans une casserole entre des bardes de
lard, avec des tranches de jambon, des parures de viande, des ognons, des carottes, un
bouquet garni, le tout mouillé avec du bouillon
et un peu de vin blanc. Au bout d'une heure
de cuisson, vous ferez égoutter les ramereaux, et vous les dresserez sur une sauce
poivrade

Pigeon rôti.

Après avoir bien flambé et épluché un pigeon cauchois ou de volière, vous le briderez

et le barderez avec une barde de lard très-
mince et une feuille de vigne, puis vous le
mettrez à la broche. Si le pigeon est jeune et
tendre, trois quarts-d'heure de cuisson suf-
firont.

Poularde à l'anglaise.

Videz et troussez une poularde, les pattes
en dehors, et faites-la cuire dans de l'eau salée. Préparez une sauce anglaise comme il est
dit au chapitre *des Sauces et Garnitures.* La
poularde étant cuite, vous la débriderez,
la dresserez, et vous verserez cette sauce dessus.

Poularde à l'estragon.

Videz, bridez et faites cuire une poularde
comme il est dit ci-dessus à l'article *Chapon
braisé ;* dressez-la, couvrez- la de feuilles
d'estragon, et mettez dessous une sauce aspic
dans laquelle vous aurez fait bouillir de l'estragon.

Poularde à la flamande.

La poularde étant cuite comme il est dit à
l'article *Chapon braisé,* vous préparerez une
garniture à la flamande, puis vous dresserez
cette garniture, et vous placerez dessus la
poularde que vous aurez fait égoutter.

Poularde aux huîtres.

Faites blanchir des huîtres dans leur eau,
puis vous les égoutterez et les ferez cuire dans
un peu de velouté. Faites cuire, d'autre part,
une poularde comme il est dit à l'article *Cha-*

pon braisé. Le tout-étant prêt, vous dresserez votre poularde, et vous verserez dessus les huîtres préparées comme nous venons de le dire.

Poularde à la Marengo.

Après avoir vidé et épluché une poularde, vous la dépècerez et vous la mettrez dans une casserole avec de l'huile, du poivre et du sel, des champignons coupés par morceaux, et vous ferez sauter le tout ensemble jusqu'à ce que les membres de la poularde soient cuits et de belle couleur ; dressez-les alors, ajoutez à l'huile et aux ingrédiens qui sont dans la casserole un peu de sauce espagnole, autant de sauce tomate, des fines herbes, des truffes et un jus de citron ; faites bouillir cette préparation jusqu'à ce qu'elle soit réduite de moitié ; versez-la sur les membres de la poularde et servez.

Poularde à la provençale.

Elle se prépare comme la poularde à la Marengo, avec cette différence que l'on fait cuire en même temps et dans la même casserole des ognons coupés par tranches minces et du persil haché ; on dresse les membres en couronne, on met les ognons et le persil au milieu, et l'on verse dessus de la sauce espagnole réduite de moitié.

Poularde au riz.

Epluchez et lavez soigneusement une quantité de riz suffisante, c'est-à-dire environ douze onces ; faites-le bouillir dans du consommé

pendant quelques instans, puis faites-le égoutter, et mettez-le dans une casserole que vous
aurez préalablement beurrée, en y ajoutant
un peu de sel et de poivre, quelques jaunes
d'œufs et de la muscade râpée; faites chauffer le tout; mêlez-le bien et laissez-le refroidir. Désossez ensuite une poularde; remplis-
sez-la avec la préparation dont nous venons
de parler; recousez-lui la peau, et tâchez que
la poularde conserve sa première forme. Vous
arroserez ensuite la poularde avec du jus de
citron; vous la couvrirez de bardes de lard,
et vous la ferez cuire dans une casserole avec
des morceaux de jambon, un jarret de veau,
trois ognons, autant de carottes, un bouquet
garni, le tout mouillé avec du consommé.
D'autre part, vous ferez crever du riz dans du
consommé, puis vous le ferez égoutter; vous
verserez dessus un peu de sauce espagnole,
vous mettrez dedans un peu de beurre fin, et
vous mêlerez bien ces trois ingrédiens. La poularde étant cuite, dressez-la, entourez-la du
riz préparé comme nous venons de le dire,
glacez-la et servez.

Poularde à la Saint-Garat.

Après avoir bien épluché et flambé une poularde, vous lui désosserez l'estomac, vous lui
trousserez les cuisses en dedans, et vous la piquerez en mettant successivement un lardon de
lard fin bien assaisonné, et un lardon de langue
à l'écarlate, coupé de la même manière. Bridez ensuite la poularde de manière à ce que
l'estomac soit saillant, et faites-la cuire dans

une casserole entre des bardes de lard , avec
des morceaux de jambon, un jarret de veau ,
des parures de viande, deux carottes, deux
ognons, un bouquet garni, le tout mouillé
avec un peu de consommé, et recouvert d'un
rond de papier beurré; il ne faut pas plus de
cinq quarts-d'heure de cuisson, avec feu dessous et dessus. Faites une sorte de purée avec
un morceau de langue à l'écarlate que vous pilerez dans un mortier, en y ajoutant un peu de
beurre fin , de la muscade et un peu de
poivre, le tout délayé avec moitié consommé,
moitié velouté et un peu de glace de viande.
Passez cette purée : faites-la chauffer au bain-
marie, dressez-la ; posez votre poularde dessus, glacez-la et servez.

Poularde truffée.

La poularde étant préparée comme il est dit
à l'article précédent , vous laverez les truffes
avec soin, puis vous les éplucherez. Pilez ces
épluchures et mettez-les , ainsi que les truffes
entières, dans une casserole avec une certaine
quantité de lard râpé et d'huile d'olive , du sel,
du poivre, des fines herbes et des échalotes
hachées ; faites bouillir le tout, mêlez le bien,
puis, au bout d'un quart-d'heure, vous l'ôterez du feu, vous en emplirez le corps de la
poularde , vous la trousserez , briderez et barderez, comme il est dit à l'article précédent;
vous la ferez rôtir de la même manière, et
vous la servirez sans sauce. Il faut, pour que
la poularde truffée soit de bon goût, qu'elle ait

été préparée au moins trois jours avant de la
faire cuire.

Poulet à l'anglaise.

Videz, flambez, troussez et bridez un poulet, puis vous le ferez cuire dans de l'eau salée, vous le dresserez, et vous verserez dessus
une sauce à l'anglaise.

Poulet braisé.

Après avoir plumé un poulet, vous le vide-
rez par la poche, puis vous le flamberez, et
vous enlèverez les os du bréchet. Mettez dans
le corps de ce poulet un morceau de beurre
que vous aurez manié, avec du sel, du gros
poivre, un jus de citron, puis vous briderez
le poulet en lui passant une ficelle d'une cuisse
à l'autre, et en arrangeant la peau de manière
à empêcher de laisser sortir le beurre qui est
dedans. Lorsqu'il sera ainsi préparé, vous le
mettrez dans une casserole avec des bardes de
lard, des tranches de citron, des parures de
viande, deux ognons, deux carottes, un bouquet garni, et vous mouillerez le tout avec du
consommé. Donnez-lui une heure et demie de
cuisson, puis vous le ferez égoutter, vous le
débriderez, et vous le dresserez sur une sauce
tomate italienne.

Poulet à l'estragon.

Plumez, videz et flambez un poulet comme
il est dit à l'article précédent, puis vous lui
mettrez dans le corps un morceau de beurre
mêlée d'estragon haché bien menu ; faites-le
cuire comme il est dit à l'article précédent,

en ajoutant aux ingrédiens que nous avons indiqués quelques branches d'estragon. Lorsque le poulet sera cuit, vous dégraisserez et passerez le fond de cuisson, vous le ferez réduire jusqu'à ce qu'il soit assez épais et de belle couleur, puis vous jetterez dedans des feuilles d'estragon hachées grossièrement. Versez cette sauce sur plat, dressez votre poulet dessus, glacez-le, et servez.

Poulet à la Horly.

Dépecez un poulet, et faites-le mariner pendant une heure dans du jus de citron, avec du sel et du poivre, une feuille de laurier, de la ciboule et du persil; trempez ensuite ces morceaux de poulet dans de la farine, et faites-les frire. Faites frire de la même manière des ognons coupés en anneaux, puis vous dresserez le poulet en forme de buisson; vous mettrez dessus des ognons frits, et dessous une sauce aspic chaude.

Poulet en marinade.

On ne met ordinairement en marinade que les débris d'un poulet rôti. Si donc il vous reste quelques membres de poulet rôti la veille, vous les ferez mariner pendant deux heures dans une marinade cuite, puis vous les tremperez dans une pâte à frire, et vous les mettrez dans de la friture bien chaude; faites frire un peu de persil, et mettez-le sur les membres de poulet, qui doivent être de belle couleur.

16..

Poulet à la Manglas.

Faites cuire un poulet comme il est dit ci-dessus à l'article *Poulet braisé*, puis vous en lèverez les filets et les chairs de l'estomac que vous couperez par petits morceaux carrés ; coupez de la même manière un peu de tétine de veau et des champignons; mettez ces divers ingrédiens dans une casserole; versez dessus un peu de sauce béchamel, et faites bouillir le tout ensemble. Dressez le poulet que vous aurez tenu chaud, versez ce ragoût dessus, de manière à masquer l'estomac. et servez.

Poulet à la Marengo.

Allumez, videz et flambez un poulet; dépecez-le et mettez-le dans une casserole avec une demi-livre d'huile et du sel. Lorsque le poulet commencera à prendre couleur, vous mettrez dans la casserole des champignons et des truffes coupées par tranches, et un bouquet garni. Le tout étant cuit, vous dresserez le poulet, vous arrangerez dessus et autour les truffes et les champignons, puis vous mettrez dàns l'huile où il aura cuit une sauce italienne que vous verserez lentement et en tournant toujours. Versez ce mélange sur le poulet, et servez.

Poulet en Mayonnaise.

Faites cuire un poulet comme il est dit à l'article *Poulet braisé*, puis vous le ferez égoutter et le laisserez refroidir. Faites réduire ensemble environ un verre de velouté, la moitié moins de gelée de viande et un filet de vinaigre à l'estragon. Lorsque ce mélange sera bien épais, vous y ajouterez du persil et de l'estragon hachés, vous verserez le tout sur le poulet, et vous le laisserez refroidir. Ensuite vous décorerez cette mayonnaise avec des câpres, des cornichons coupés en ronds, losanges, etc., des tranches de gelée, des jaunes d'œufs durs, etc.

Poulet à la paysanne.

Après avoir dépecé un poulet, vous le ferez revenir dans du beurre et de l'huile mélangés, puis vous mettrez dans la même casserole un bouquet garni, quelques carottes et ognons coupés par morceaux; vous mouillerez le tout avec de la sauce espagnole, et vous le ferez bouillir doucement. Dressez le poulet, dégraissez la sauce, ôtez-en le bouquet garni, versez-la sur le poulet, et servez.

Poulet à la reine.

Après avoir vidé et flambé un poulet à la reine, vous lui mettrez dans le corps un fort morceau de beurre, du sel et du poivre, et vous le ferez cuire comme il est dit à l'article *Poulet braisé*. Faites égoutter votre poulet; dès qu'il sera cuit, dressez-le, glacez-le, et arrangez dessus quelques belles écrevisses; mettez dessous un peu de sauce tomate italienne.

Poulet au riz.

Voyez plus haut *Poularde au riz*, et opérez comme il est dit à cet article.

Poulet rôti.

Après avoir vidé un poulet par la poche, vous enleverez les os du bréchet, et vous garnirez l'intérieur du poulet avec un fort morceau de beurre que vous aurez manié, avec du sel, du poivre et un jus de citron ; troussez et bridez le poulet, mettez-lui sur l'estomac quelques tranches de citron que vous recouvrirez de bardes de lard ; embrochez-le et faites-le tourner. Quelques instans avant que la cuisson soit achevée, vous ôterez le lard et le citron, afin que le poulet prenne couleur. Lorsqu'il sera cuit, vous le servirez avec un peu de cresson autour, si c'est pour rôt ; si c'est pour entrée, vous mettrez dessous un peu de velouté réduit.

Poulet à la tartare.

Supprimez le cou et les pattes d'un beau poulet, fendez-le en deux, mais sans séparer entièrement les deux parties ; vous le ferez ensuite revenir dans du beurre, avec du poivre, du sel et des fines herbes, et retournez-le de temps en temps jusqu'à ce qu'il soit cuit. Panez le poulet que vous aurez fait cuire ainsi ; faites-le griller sur un feu peu ardent, et dressez-le sur une sauce à la tartare.

Poulet aux truffes.

Videz et flambez un poulet ; cassez et enlevez les os du bréchet, puis vous lui remplirez le corps avec des truffes que vous aurez passées au beurre, salées et poivrées. Arrosez le

poulet avec du jus de citron, couvrez-le de
bardes de lard, puis vous foncerez une casserole avec du lard, vous poserez votre poulet
dessus. Mettez dans une autre casserole les
parures de truffes, deux carottes et deux
ognons coupés en tranches, de la rouelle de
veau coupée en petits morceaux carrés, un
bouquet garni et deux clous-de girofle ; faites
revenir tout cela avec un fort morceau de beurre, puis vous le mouillerez avec du consommé,
et lorsque cette préparation aura bouilli pendant quelques instans, vous la verserez sur le
poulet, et vous ferez de nouveau bouillir le
tout pendant une heure et demie. Débridez
et dressez le poulet, et saucez-le avec une
sauce espagnole réduite, dans laquelle vous
aurez mis quelques truffes hachées.

Purée de volaille.

Pilez dans un mortier des blancs de poularde cuite à la broche, de la tétine de veau, le
tout bien assaisonné de sel, poivre et muscade.
D'autre part, vous mettrez dans une casserole du consommé, autant de sauce béchamel;
vous ferez réduire ce mélange, et vous mettrez
dedans les chairs pilées. Mêlez bien le tout,
passez-le à l'étamine, puis vous le ferez chauffer au bain-marie, vous le dresserez et le mettrez autour des morceaux de mie de pain bien
taillés et frits dans du beurre.

Quénelles de dindon.

Pilez dans un mortier des blancs de dindon
dont vous aurez ôté la peau et les nerfs; ajoutez-y un morceau de mie de pain mollet trem

pée dans du lait, un morceau de beurre, et
pilez de nouveau ; ajoutez ensuite des jaunes
d'œufs, du sel, du poivre, de la muscade, et
continuez de piler. En dernier lieu, vous y mettrez des blancs d'œufs battus ; vous mêlerez
bien le tout ensemble, puis vous diviserez cette
farce par petites portions auxquelles vous donnerez la forme d'un petit bâton long et gros
comme le pouce. Saupoudrez ces quénelles avec
de la farine ; faites-les frire, et servez-les avec
un peu de persil frit.

Ramereaux en marinade.

Après avoir vidé et flambé des ramereaux,
dépecez-les, faites-les mariner dans de l'huile
avec une bonne quantité de jus de citron, du
sel et du poivre, des branches de persil et un
ognon coupé par tranches; puis vous tremperez ces ramereaux dans de la farine, et vous les
ferez frire dans de la friture modérément
chaude. Faites frire en même temps un peu de
persil ; dressez vos ramereaux en buisson, et
posez le persil dessus.

Rissoles de volaille.

Faites une pâte de feuilletage, comme il est
dit plus loin au chapitre de la *Pâtisserie* ;
étendez-la de manière à ce qu'elle ne soit pas
plus épaisse qu'une pièce de cinq francs, et
couvrez-la de farce de volaille cuite. Repliez la
pâte, coupez-la par morceaux, et faites de
chaque morceau une espèce de chausson ; faites frire ces petits morceaux, et servez-les de
belle couleur avec un peu de persil frit.

Des tourtereaux.

On ne fait pas usage en cuisine des tourtereaux de volière, dont la chair a peu de goût;
mais il n'en est pas de même des tourtereaux
sauvages. Ces derniers sont assez estimés; mais
on ne les mange que rôtis, à la façon des pigeons
de volière.

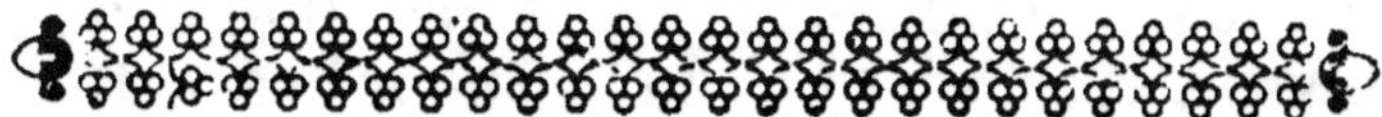

CHAPITRE VII.

DU GIBIER.

—

Bécasses à la minute.

Après avoir flambé et troussé de jeunes bécasses ou des bécassines, foncez une casserole de beurre, ajoutez sel, poivre et muscade râpée, un peu d'échalotes hachées menu; faites ensuite sauter vos bécasses dans cette préparation, que vous mouillerez avec du vin blanc et du jus de citron; saupoudrez de chapelure de pain; faites jeter un bouillon et servez de suite.

Bécasses farcies.

Videz des bécasses en les fendant par le dos; hachez menu tout ce qu'elles ont dans l'intérieur, avec moitié de lard râpé, persil, échalotes; ajoutez sel et gros poivre. Avec cette préparation, emplissez le corps de vos bécasses et recouvrez-les de bardes de lard; mettez-les ensuite à la broche et faites-les rôtir, et servez.

Bécasses rôties.

Plumez et flambez des bécasses, mais sans

les vider ; tortillez-leur les pattes autour des
cuisses , et servez-vous du bec pour brochette ;
bardez-les de feuilles de vigne et de lard , puis
mettez-les à la broche. Placez dans la léche-
frite des morceaux de pain grillés et imprégnés
de beurre ; quand les bécasses sont cuites ,
dressez-les sur le plat, au fond duquel vous
aurez disposé ces mêmes morceaux de pain
imbibés du jus de bécasse.

Boudin de lapin.

Mettez de la farine sur une table , ensuite
mettez-y de la farce cuite de la grosseur d'un
bout de boudin ; roulez-la dans la farine ; faites-en autant de bouts qu'il vous plaira ; ensuite, mettez-les dans une casserole beurrée.
Après les avoir fait pocher, laissez-les refroidir, parez-les et donnez-leur une forme ronde.
Vous mettrez dessus une sauce à atelets. Vous
les panerez et les tremperez dans du beurre
tiède ; panez-les encore, et mettez-les sur le
gril. Vous poserez dessus le four de campagne
bien chaud , pour leur donner de la couleur.
Ensuite, trempez-les dans du velouté réduit,
et servez.

Boudin de lièvre.

Préparez une farce comme il est dit à l'article précédent, puis vous jetterez un peu de
farine sur une table, et vous coulerez dessus
la farce, à laquelle vous donnerez la forme du
boudin. Jetez ce boudin dans de l'eau bouillante, retirez-le presque aussitôt, trempez-le
dans du beurre tiède, puis dans de la mie de
pain mêlée d'un peu de sel et de poivre; faites

griller ce boudin sur un feu très-doux, et servez-le sec ou avec un peu de jus de viande des ous.

Boudin de sanglier.

Il est bien rare que les chasseurs songent à recueillir le sang du sanglier, et alors même qu'ils y songeraient, cela leur serait presque impossible, vu le manque d'ustensiles et d'ingrédiens nécessaires. Le sang du sanglier se coagule promptement ; il faudrait donc, pour pouvoir en tirer parti, le remuer avec soin en le recueillant, et y mêler une certaine quantité de vinaigre, ou de verjus, ou de quelque autre acide. On pourrait alors en faire du boudin, et, dans ce cas, on opérerait comme il est dit plus haut, pour le boudin de cochon.

Cailles au fumet de gibier.

Flambez et videz plusieurs cailles ; enlevez les filets des unes pour en garnir l'intérieur des autres que vous aurez vidées par la poche ; assaisonnez d'abord cette garniture avec sel et poivre, un bon morceau de beurre, persil haché menu et un jus de citron. Troussez et bridez les cailles farcies de cette manière, et faites-les revenir dans une casserole que vous aurez foncée de beurre, de bardes de lard et d'un peu de laurier ; mouillez avec bouillon et vin blanc. Après une demi-heure de cuisson, retirez les cailles, égouttez et servez avec un fumet de gibier délayé dans une sauce espagnole réduite.

Cailles à l'anglaise.

Après avoi r flambé, vidé et retroussé des cailles, foncez une casserole de bardes de lard, de cervelle de veau coupée par tranches, d'un bouquet garni, de saucisses, de sel et de poivre; mettez-y vos cailles, et quand vous les aurez ainsi fait revenir, mouillez le tout de vin blanc et de bon bouillon. Après la cuisson, dressez les cailles sur le plat avec une garniture de saucisses et de morceaux de cervelle, sur laquelle vous verserez une sauce à la Toulouse.

Cailles à l'espagnole.

Préparez plusieurs cailles comme il est dit à l'article précédent; bridez-les et marquez-les dans une casserole avec des bardes de lard, mouillez avec du bouillon et vin blanc; faites-les cuire une demi-heure, et dressez-les sur le plat, en versant dessus une sauce espagnole peu réduite, et en les entremêlant de croûtons frits.

Cailles aux pois.

Après avoir flambé et vidé des cailles, marquez-les dans une casserole que vous aurez foncée de morceaux de veau et de jambon, de carottes, d'ognons, d'un clou de girofle, d'un bouquet garni, sel et poivre; recouvrez-les de bardes de lard et d'un morceau de papier beurré; faites-les cuire sur un feu ardent, puis dressez-les sur le plat, et versez dessus un ragoût de pois au lard.

Cailles au chasseur

Préparez des cailles comme il est prescrit à l'article précédent ; faites-les ensuite sauter dans une casserole avec du beurre , des fines herbes , laurier , sel et poivre ; saupoudrez de farine et mouillez avec moitié bouillon et moitié vin blanc, faites réduire la sauce après avoir retiré vos cailles, puis dressez et servez.

Cailles braisées.

Après avoir enveloppé des cailles dans des feuilles de vigne et des bardes de lard , faites-les cuire à petit feu dans une braise composée de tranches de veau , de bardes de lard , d'un morceau de beurre et d'un bouquet garni ; mouillez avec un verre de vin blanc et une cuillerée de bouillon , mettez-y peu de sel. Quand vos cailles seront cuites à point, retirez-les et mettez un peu de coulis dans leur cuisson ; dégraissez la farce et passez-la au tamis , ensuite versez-la sur les cailles que vous aurez dressées avec une garniture d'écrevisses ou de ris-de-veau.

Cailles au salpicon.

Après avoir vidé et flambé plusieurs cailles, faites-les cuire à la broche ou sur la braise, et dressez sur le plat avec un salpicon.

Cailles aux choux.

Les cailles se servent aux choux de la même manière que les perdrix (voir l'article *Perdrix aux choux*.)

Canards sauvages rôtis.

Après avoir plumé et vidé deux canards sauvages, coupez-leur les ailes de bien près, ainsi que le cou ; flambez, parez ; et bridez-les, mais sans les piquer ni les barder de lard ; mettez-leur dans le corps un morceau de beurre avec sel, poivre et un jus de citron, puis embrochez-les, et après les avoir fait cuire un peu rouges, débrochez, et servez.

Carré de chevreuil rôti.

Parez un carré de chevreuil ; cassez et enlevez les os du côté du filet, et piquez ce dernier avec du lard fin bien assaisonné. Faites ensuite mariner et rôtir le carré comme il est dit à l'article précédent, et servez avec la même sauce.

Chartreuse de perdrix.

En tournant une vingtaine de carottes et autant de navets d'une égale grosseur, et de la longueur du moule dans lequel vous devez faire la chartreuse, faites-les blanchir d'abord dans l'eau, et achevez de les cuire dans du bouillon ou quelque fond de cuisson ; couvrez-les de papier, afin que les navets conservent leur blancheur. Une fois cuits, égouttez-les ; faites cuire en même temps des petits ognons blancs de la même grosseur avec des légumes. Marquez les perdrix avec des choux et autres accessoires, comme il est dit à l'article *Perdrix aux choux ;* beurrez le moule à chartreuse ; formez dans le fond un dessin avec des carottes et des navets coupés en dés, ainsi qu'avec des petits ognons, de petites blanchis ou autres légumes. Le fond étant ainsi décoré, placez les carottes et les navets alternativement autour du moule, puis, avec des choux égouttés, garnissez légèrement le fond et le tour du moule; placez dans le moule les deux perdrix sur l'estomac, et disposez par intervalle le lard, les cervelas et les saucisses; remplissez de choux le reste du moule. Faites chauffer la chartreuse au bain-marie, et enterrez-la de cendres chaudes. Au bout de deux heures, penchez-la doucement pour l'égoutter, renversez-la sur le plat avec précaution et sans la déformer, et servez à courte-sauce.

Civet de chevreuil.

Après avoir coupé une poitrine de chevreuil par morceaux d'égale grosseur, vous les ferez revenir dans du beurre; faites revenir, de la même manière, des morceaux de petit lard, puis vous ferez un roux, comme il est dit au chapitre III; vous mettrez le lard et le chevreuil dedans; vous ajouterez des champignons, des petits ognons, du sel, du poivre, un bouquet garni, et vous mouillerez le tout avec du vin, auquel vous mêlerez de l'eau à moitié. Le civet étant cuit; vous le dresserez avec les autres ingrédiens; vous dégraisserez la sauce, que vous aurez fait réduire, et vous la verserez dessus.

Civet de lièvre.

Recueillez avec soin tout le sang d'un lièvre,

et mettez-le à part avec le foie. Coupez ensuite le lièvre par morceaux, et faites-le revenir dans le beurre, ainsi qu'une certaine quantité de petit lard coupé par petits morceaux. Le tout étant bien revenu, vous jetterez dessus un peu de farine, et vous mouillerez avec de bon vin rouge ; ajoutez le sang du lièvre, le foie que vous aurez pilé, des champignons, des petits ognons, du poivre et du sel, un bouquet garni, et faites cuire le tout avec feu dessous et dessus. Otez ensuite le bouquet garni, et dressez le civet.

Côtelettes de sanglier grillées.

Levez et parez des côtelettes de sanglier ; trempez-les dans du beurre tiède, puis dans de la mie de pain mêlée de sel et de poivre : faites-les griller, et dressez sur un peu de jus de viande réduit. On peut aussi faire griller les côtelettes de sanglier sans les paner; alors on les sert sans sauce.

Côlelettes de sanglier sautées.

Lorsque les côtelettes sont coupées et parées, mettez-les sur un plat à sauter, avec du beurre, du sel et du poivre, et faites-les sauter sur un feu ardent, en ayant soin de les retourner quand elles seront cuites d'un côté. Dressez les côtelettes lorsqu'elles seront entièrement cuites; mettez sur le plat à sauter un peu de sauce espagnole, autant de vin blanc; faites réduire ce mélange, et versez-le sur les côtelettes.

Croquettes de lapin.

Pochez les quénelles de lapin, faites-les

égoutter, et versez dessus du velouté réduit et de l'essence de gibier ; liez-la avec des jaunes d'œufs. Laissez refroidir, panez et trempez dans des jaunes d'œufs battus ; assaisonnez de sel et de poivre, semez dessus de la mie de pain, faites frire le tout, et servez avec du persil frit.

Cuisses de lapereau panées et grillées.

Après avoir désossé des cuisses de lapereau, vous les ferez sauter au beurre pendant deux ou trois minutes, puis vous les tremperez dans de la mie de pain mêlée d'un peu de sel et de poivre, et vous les ferez griller. Lorsqu'elles seront cuites et de belle couleur, vous les dresserez sur une sauce poivrade.

Cuisses de lapereau à la chipolata.

Levez et désossez des cuisses de lapereau, puis vous les ferez blanchir dans de l'eau bouillante, et vous les ferez revenir dans du beurre. Saupoudrez les cuisses avec de la farine ; lorsqu'elles seront bien revenues, ajoutez un bouquet garni, des champignons bien tournés, des petits ognons, du petit lard que vous aurez fait revenir à part, et mouillez le tout avec du consommé. Ce ragoût étant à moitié cuit, vous y ajouterez des marrons bien émondés à l'eau bouillante, et de petites saucisses que vous aurez fait blanchir. Achevez le ragoût sur un feu peu ardent ; puis vous dresserez les cuisses de lapereau, et vous arrangerez dessus et autour les divers ingrédiens dont nous venons de parler. Liez la sau-

ce avec des jaunes d'œufs, versez-la sur le
tout, et servez.

Cuisse de sanglier braisée.

Flambez et échaudez une cuisse de sanglier,
puis vous la désosserez, en ne laissant que
l'extrémité inférieure de l'os, et vous la piquerez avec des lardons bien assaisonnés de sel,
poivre, épices et fines herbes. Mettez cette
cuisse dans un grand vase, couvrez-la de sel,
poivre, ognons, ciboules, thym, persil, genièvre, basilic et laurier; couvrez le vase, et
laissez les choses en cet état pendant huit
jours. Au bout de ce temps, vous ferez égoutter la cuisse de sanglier, vous l'envelopperez
dans un linge, et la ficellerez, pour qu'elle ne
se déforme pas; puis vous la ferez cuire dans
une braisière, avec trois litres d'eau, six litres de vin blanc, des ognons, des carottes,
un fort bouquet garni, et vous verserez sur
le tout la marinade dans laquelle la cuisse aura passé huit jours. Donnez sept ou huit heures de cuisson; puis vous ôterez la cuisse de la
braisière, vous en enlèverez la couenne, et vous
sèmerez de la chapelure sur la graisse. Servez-
la froide.

Cuisses de perdreaux à la chipolata.

Après avoir préparé plusieurs cuisses de
perdreaux, faites cuire du lard coupé par
tranches dans la casserole; quand il aura pris
couleur et que vous l'aurez retiré, mettez du
beurre dans votre casserole, et saupoudrez de
farine; faites revenir dedans les cuisses de
perdreaux, mouillez avec du bouillon et au-

tant de vin blanc ; mettez ensuite des champignons et des ognons que vous aurez préalablement passés au beurre ; remettez les
tranches de lard, auxquelles vous joindrez des
saucisses coupées par morceaux, que vous aurez déjà fait revenir et dépouillées de leur
peau ; ajoutez-y des marrons grillés, et faites
cuire le tout à un feu très-doux ; après avoir
atteint le degré de cuisson convenable, dégraissez, et dressez sur le plat avec des croûtes de
pain frites, ou avec des truffes.

Cuisses de lapereau en papillotes.

Piquez des cuisses de lapereau avec du lard
fin bien assaisonné ; mettez-les dans une casserole avec des fines herbes, des échalotes et
des champignons hachés bien menu, du poivre
et du sel, un bouquet garni, et mouillez avec
du vin blanc. Donnez une heure et demie de
cuisson, puis ôtez les cuisses ; faites réduire
la sauce, versez-la dessus, et laissez refroidir
le tout. Posez ensuite une barde de lard sur
chaque cuisse bien garnie de fines herbes ;
enveloppez-les chacune dans une feuille de papier huilé, faites-les griller, et servez-les sans
sauce.

Cuisses de lapin à la purée.

Levez des cuisses de lapin et piquez-les avec
du lard, puis faites-les cuire dans une casserole avec des bardes de lard, des parures de
viande, racines et bouquet garni, le tout arrosé
de consommé et recouvert de papier beurré.
Lorsque les cuisses seront cuites, c'est-à-dire
au bout d'une heure et demie, vous les ferez

égoutter, puis vous les glacerez, et vous les dresserez sur une purée de racines ou de légumes.

Cuisses de lièvre à la poivrade.

Après avoir fait rôtir une certaine quantité de cuisses de lièvre, laissez-les refroidir, supprimez-en tous les os, faites-les sauter dans une demi-glace, panez-les, disposez-les en rond sur un plat, et versez dans leur milieu une poivrade ou toute autre sauce piquante.

Epaule de chevreuil.

Après avoir levé les chairs d'une épaule de chevreuil, vous les piquerez avec du lard fin, et vous les ferez mariner pendant deux jours dans de bon vinaigre, avec sel, poivre, persil en branches et ognons en tranches; faites ensuite sauter ces chairs au beurre; dressez-les; mettez sur un plat à sauter un peu de sauce espagnole, autant de glace de viande ; faites chauffer, mêlez bien, et versez cette sauce sur vos morceaux de chevreuil.

Eminçé de chevreuil à l'ognon.

Après avoir préparé les chairs de chevreuil rôti et froid, comme à l'article précédent, vous couperez des ognons par tranches très-minces, et vous les ferez cuire dans un mélange de sauce espagnole et de consommé. Les ognons étant cuits, et la sauce étant un peu épaisse, vous mettrez dedans les morceaux de chevreuil, vous ajouterez un peu de beurre fin, et vous dresserez.

Faisan poélé ou à l'étouffade.

Plumez, videz et flambez un faisan; retroussez les pattes en dedans; piquez-le de lardons
assaisonnés de sel et d'épices; mettez-le ensuite
dans une casserole avec ognons, carottes, bouquet garni, et des débris de viande; couvrez-
le de bardes de lard; mouillez avec moitié
bouillon et moitié vin blanc; couvrez d'un rond
de papier; et faites cuire à petit feu. Egouttez; dressez sur le plat, avec le fond de cuisson
que vous aurez passé au tamis, et que vous
aurez mélangé avec un peu de sauce espagnole.

Faisan aux choux.

Plumez, videz et flambez un faisan; faites
rentrer les cuisses en dedans, bridez-le et piquez-le de lardons assaisonnés de poivre et de
sel. Foncez ensuite une casserole de bardes
de lard, et mettez-y le faisan avec un bon
morceau de lard, des tranches de veau, un
cervelas, carottes, ognons, clous de girofle et
laurier en feuilles. D'autre part, blanchissez
un chou et faites-le cuire avec le faisan;
mouillez avec du bouillon, ajoutez du poivre,
faites mijoter le tout; dressez le faisan sur le
plat, en l'entourant des ingrédiens qui ont cuit
avec lui, et versez dessus une sauce à l'essence
de gibier.

Faisan en salmi.

Après avoir fait cuire aux trois quarts un
faisan à la broche, enlevez-en les ailes et les
cuisses que vous couperez en deux; dépouil-

lez-le ensuite des blancs et des chairs qui tiennent à la carcasse ; coupez ces débris en filets et mettez-les dans une casserole avec des échalotes hachées, le zeste d'une bigarade râpée, sel, poivre et muscade ; mouillez avec bouillon et vin blanc. Quand vous aurez fait réduire, ajoutez deux cuillerées d'huile d'olive et le foie du faisan, que vous aurez d'abord écrasé ; dressez sur le plat avec des croûtons frits et un jus de citron.

Avant de mouiller avec le bouillon, comme nous venons de l'indiquer ci-dessus, vous pouvez y mettre d'abord la carcasse et tous les os du faisan, que vous aurez pilés à cet effet, et y joindre des échalotes, un peu de persil, sel, poivre et muscade ; au bout de trois quarts-d'heure d'ébullition à petit feu, passez-la pour en arroser le salmi.

Faisan rôti.

Après avoir plumé, vidé et flambé un faisan, modérément faisandé, piquez-le de lard fin, mettez-le à la broche à feu doux et arrosez-le souvent. Pour conserver son beau plumage et en faire l'ornement de la table, enveloppez préalablement sa tête et les plumes de sa queue avec du papier.

Filets de canards sauvages en escalopes.

Après avoir fait rôtir légèrement deux canards sauvages, retirez-les de la broche ; quand ils seront refroidis, enlevez-en les filets, auxquels vous supprimerez la peau et les nerfs ; coupez-les en escalopes et applatissez-les, mettez-les ensuite dans votre sautoir avec de l'huile, sel et poivre ; couvrez-les avec un papier que vous aurez imbibé d'huile. Après avoir fait sauter vos escalopes, égouttez-en l'huile et posez-les sur une poivrade abondante. Décorez votre plat de croûtons passés à l'huile, et terminez par un jus de citron.

Filets de chevreuil sautés.

Coupez et parez des filets de chevreuil ; aplatissez-les un peu, et piquez-les avec du lard fin bien assaisonné ; puis vous les ferez mariner et cuire comme il est dit ci-dessus à l'article *Epaule de chevreuil.*

Filets de perdreaux à la bigarade.

Après avoir fait cuire des perdreaux à la broche, retirez-les avant qu'ils soient desséchés ; levez ensuite les filets, et ôtez-en les peaux et les nerfs ; posez-les sur des croûtons d'égale grosseur ; achevez de faire cuire le tout ensemble dans une sauce espagnole, à laquelle vous ajouterez le jus et le zeste d'une bigarade, et servez.

Filets de lapereaux aux concombres.

Coupez deux concombres en tranches très-minces, mettez-les dans une casserole avec deux cuillerées de vinaigre et du sel, faites-les mariner deux heures en les retournant de temps en temps ; quand ils auront rendu leur eau, vous les presserez pour qu'il ne reste point d'eau ; mettez-les dans une casserole avec un morceau de beurre, un bouquet de persil, ciboule, une gousse d'ail, deux échalotes, une feuille de laurier, thym, basilic ; passez-les sur le feu en les retournant jusqu'à ce qu'ils soient colorés, mettez-y deux pincées de farine, mouillez avec deux verres de bouillon, laissez-les cuire à petit feu une demi-heure, et que le ragoût soit un peu lié ; ôtez le bouquet et mettez-y des filets de lapereaux émincés, faites chauffer sans bouillir, assaisonnez de sel, gros poivre, et servez.

Filets de lapereau en gimblettes.

Après avoir levé les filets d'un lapereau et les avoir piqués de lard fin, tournez-les sur des morceaux de carottes en liant chacune des extrémités; ce qui formera des gimblettes que vous mettrez cuire dans une casserole avec du beurre, des carottes, des ognons, un bouquet garni, du poivre et du sel. Après la cuisson, glacez et servez.

Filets de levraut frits.

Après avoir levé des filets de levraut, vous les fendrez en deux dans toute leur longueur, mais sans séparer tout-à-fait les deux parties. Pilez dans un mortier d'autres filets de levraut avec de la tétine de veau, de la mie de pain mollet trempée dans du consommé, du sel, du poivre, du persil, des échalotes et des jaunes d'œufs. Passez cette farce à l'étamine, puis vous l'étendrez sur la partie intérieure des filets ; vous rapprocherez les deux côtés de ces filets, puis vous les tremperez dans du beurre tiède et dans de la mie de pain ; trempez-les ensuite dans des jaunes d'œufs battus et assaisonnés comme pour une omelette, puis une seconde fois dans de la mie de pain ; fai-

tes-les frire, et dressez-les sur une sauce poivrade, préparée comme il est dit au chapitre
des *Sauces et garnitures.*

Filet de lièvre sauté.

Après avoir piqué un filet de lièvre comme
il est dit à l'article précédent, vous le mettrez
dans une marinade composée de vinaigre, persil, ciboule, thym, laurier, poivre et sel, et
vous l'y laisserez pendant deux ou trois jours.
Au bout de ce temps, faites égoutter le filet et
faites-le sauter au beurre sur un feu ardent.
Otez-le dès qu'il sera cuit ; mettez sur le plat
à sauter un peu de sauce espagnole ; faites réduire presque à glace, et versez cette sauce
sur le filet.

Filets de levraut à la provençale.

Après avoir levé des filets de levraut, piquez-les moitié avec des anchois bien lavés,
et moitié avec du lard fin. Faites sauter ces filets sur un feu très-ardent, avec de l'huile,
du poivre et du sel, des échalotes et de l'ail
hachés ; mélangez, par parties égales, du consommé et de la sauce espagnole, ajoutez-y un
peu de vinaigre à l'estragon, faites bouillir ce
mélange, et dégraissez-le. Mettez cette préparation sur un plat, dressez vos filets dessus,
glacez-les, et servez.

Filet de lièvre piqué.

Levez un filet de lièvre ; enlevez la peau qui
le couvre ; parez-le bien et piquez-le avec du
lard fin. Faites cuire ce filet dans une casserole
dont vous aurez garni le fond avec des bardes

de lard, en y ajoutant deux carottes et deux ognons coupés par tranches, un bouquet garni; le tout mouillé avec du consommé et recouvert d'un rond de papier beurré. Le filet étant cuit, dressez-le sur une sauce poivrade.

Filet de chevreuil rôti.

On pique un filet de chevreuil avec du lard fin bien assaisonné; on le fait mariner pendant deux jours, puis on le couche sur la broche, et on le fait rôtir. On peut le servir sur une sauce poivrade ou sur une sauce tomate, ou bien sans aucune espèce de sauce.

Filet de sanglier.

Après avoir paré un filet de sanglier, c'est-à-dire l'avoir débarrassé des peaux et des nerfs qui s'y trouvent, vous le ferez mariner dans de l'huile avec force jus de citron, du sel, du poivre, du persil en branches, deux ou trois feuilles de laurier, et des ognons coupés par tranches. Lorsque le filet aura passé trois ou quatre jours dans cette marinade, vous le ferez égoutter, puis vous le ferez cuire dans une braisière avec du lard, du jambon, des débris de viande, trois carottes, autant d'ognons, un bouquet garni, le tout mouillé avec moitié bouillon et moitié vin blanc. Faites égoutter le filet quand il sera cuit; dressez-le sur une sauce piquante.

Gibelotte de lapin.

Après avoir coupé un lapin par morceaux, faites un roux avec une cuillerée de farine et un morceau de beurre; mettez-y les membres et le foie, et mouillez avec deux verres d'eau et de bouillon, et un verre de vin. Mettez un bouquet de persil, ciboule, une gousse d'ail, deux clous de girofle, thym, laurier, basilic, sel, gros poivre. On peut aussi y ajouter des tronçons d'anguilles, mais seulement lorsqu'il sera à peu près cuit. Etant près de le servir, ôtez le bouquet, dégraissez la sauce, dans laquelle vous mettrez des câpres, un anchois haché et des croûtes passées dans du beurre.

Grives à la flamande.

Plumez, flambez et retroussez des grives, mais sans les vider; mettez-les dans une casserole avec du beurre, une demi-poignée de bain de genièvre et du sel; faites-les ainsi revenir; recouvrez ensuite avec un four de campagne, et servez-les dans leur cuisson

Grives confites.

Après avoir préparé vos grives comme à l'article précédent, couvrez-en les pattes et le cou, et mettez-les sur le gril; quand elles seront à moitié rôties, achevez-en la cuisson dans du vinaigre, avec deux feuilles de laurier, sel, poivre et muscade râpée, placez ensuite vos grives dans un pot de faïence, et versez dessus la saumure refroidie; couvrez le tout d'une couche de graisse et bouchez le pot avec du parchemin. Ainsi préparées, les grives peuvent se conserver pendant plus d'une année.

Grives à l'anglaise.

Plumez, flambez et parez des grives, mais sans les vider. Mettez-les ensuite à la broche au moyen d'atelets; garnissez-les de bardes de lard, et enveloppez le tout de papier beurré; saupoudrez de sel et de mie de pain après avoir retiré l'enveloppe, et dressez vos grives avec une sauce à la diable.

Hachis de chevreuil.

Hachez bien menu des chairs de chevreuil rôti dont vous aurez extrait les peaux et les nerfs; hachez des fines herbes; faites-les cuire, et mêlez bien le tout ensemble. Préparez une sauce poivrade, faites-la réduire; mettez votre hachis dedans, remuez bien pour que cela se mêle, puis vous dresserez ce hachis, et vous l'entourerez de morceaux de mie de pain bien taillés et frits dans du beurre.

Hachis de perdreaux.

Levez les filets de perdreaux rôtis et refroidis; hachez-les très-fin après avoir supprimé les nerfs et la peau; faites-les revenir dans une casserole avec un morceau de beurre et des champignons, des échalotes et du persil hachés de même; saupoudrez de farine, sel et poivre; mêlez bien le tout, en mouillant avec du bouillon et du vin blanc, faites réduire la sauce et passez-la au tamis; mettez-y le hachis sans le faire bouillir, et dressez sur le plat couronné de croûtons frits et d'œufs pochés entremêlés.

Lapereau aux pistaches.

Désossez un lapereau et faites une farce de son foie avec quelque autre viande cuite, de la mie de pain passée dans du lait, persil, ciboule, champignons, sel, poivre; liez de quatre jaunes d'œufs; étendez cette farce sur le lapereau, roulez-le ensuite et le ficelez; faites-le cuire avec un verre de vin blanc, du bouillon, un bouquet garni; la cuisson faite, dégraissez la sauce et la passez au tamis; mettez-y un peu de coulis, faites réduire votre sauce; en servant sur le lapereau, mettez-y deux douzaines de pistaches échaudées.

Lapereau en caisse.

Dépecez un lapereau, et faites-le revenir dans le beurre avec des champignons, échalotes et persil hachés, du sel et quelques épices. Hachez le foie, pilez-le avec de la farce à quénelle, mêlez-y vos fines herbes; mettez de cette farce dans une caisse de papier huilé, puis les morceaux de lapereau et le reste de la farce dans les intervalles, et sans couvrir entièrement le lapereau; mettez dessus des bardes de lard, et couvrez-le avec le four de campagne. Au moment de servir, égouttez la graisse, et servez avec une sauce à l'italienne, que vous parerez de chapelure.

Lapereau à la poulette.

Après avoir coupé un lapereau par morceaux, blanchissez-le à l'eau bouillante, retirez-le, et l'égouttez; faites revenir dans du beurre, saupoudrez de farine, sans faire un roux proprement dit ; mouillez avec moitié bouillon et moitié vin blanc ; ajoutez un bouquet garni, des champignons , poivre et sel ; quand le lapereau sera à moitié cuit, mettez des petits ognons , dégraissez , liez avec des jaunes d'œufs et un jus de citron , et servez.

Lapereau à la Marengo.

Dépecez deux ou trois jeunes lapereaux , et mettez-en les morceaux dans une casserole avec de l'huile, du sel, du poivre, du thym, du laurier, des échalotes, et un peu de muscade râpée ; faites cuire à petit feu. Au bout d'un quart-d'heure, supprimez la moitié de l'huile restée dans la casserole , et jetez-y des champignons, des truffes , du persil haché , et terminez la sauce avec des tomates et un jus de citron ; dressez en pyramide , et servez avec un entourage.

Lapereau rôti.

Après avoir dépouillé un lapereau et l'avoir vidé , piquez-le avec du petit lard depuis le cou jusqu'à l'extrémité des cuisses, embrochez-le , et lorsqu'il est cuit à point, servez avec une sauce piquante, comme il est dit à l'article ci-dessus.

Lapereau en blanc.

Faites revenir dans du beurre un lapereau que vous aurez dépecé ; lorsqu'il commencera à être ferme, vous jetterez dessus une cuillerée de farine, vous mouillerez avec du consommé, et vous ajouterez des champignons , des petits ognons, du petit lard que vous aurez fait re-

venir à part, un peu de gros poivre et un bouquet garni. Le tout étant cuit, dressez le
lapereau; liez la sauce avec des jaunes d'œufs,
ôtez-en le bouquet garni, et versez-la sur le
lapereau.

Lapereau sauté.

Faites sauter au beurre un lapereau que
vous aurez désossé; lorsqu'il sera bien revenu,
vous jetterez dessus des fines herbes hachées,
puis vous le saupoudrerez de farine et vous le
mouillerez avec un verre de vin blanc et autant
de consommé. Lorsque le lapereau sera cuit,
c'est-à-dire au bout d'une demi-heure, vous le
dresserez, puis vous ferez réduire la sauce, et
vous la verserez dessus après vous être assuré
qu'il n'y manque rien.

Lièvre rôti.

Après avoir dépouillé et vidé un lièvre, vous
en piquerez le râble avec du lard fin, puis
vous le ferez cuire à la broche. D'autre part,
vous en ferez revenir le foie dans du beurre et
vous le pilerez. Vous ferez revenir dans le même beurre des échalotes hachées bien menu.
Mouillez ces échalotes avec du vin blanc et un
peu de bouillon; ajoutez-y le foie pilé, du poivre et du sel, et faites bouillir le tout pendant
quelques instants. Le lièvre étant cuit et la
sauce terminée, vous verserez la sauce sur
un plat, et vous dresserez le lièvre dessus.
On peut aussi servir un lièvre rôti sans
sauce.

Levraut à la tartare.

On peut mettre à la tartare un levraut entier; mais ordinairement on n'accommode de cette façon que le râble. Pour cela, on le fait revenir dans du beurre, avec du sel, du poivre et une pointe d'ail. Trempez ce râble tout chaud dans de la mie de pain mêlée de sel et de poivre; faites-le griller. D'autre part, vous préparerez une rémoulade; mettez cette rémoulade sur un plat, et dressez le râble de levraut dessus.

Levraut en caisse.

Après avoir dépouillé et dépecé un levraut, vous ferez revenir dans du beurre, des champignons, des échalotes, du persil, une gousse d'ail, le tout haché bien menu; ajoutez du sel, du poivre, de la muscade, et mouillez avec du vin blanc. Mettez dans cette préparation le levraut dépecé, et faites-le cuire sur un feu très-vif. Otez le levraut dès qu'il sera cuit; ajoutez à la préparation dans laquelle il aura cuit un peu de sauce espagnole, et faites réduire ce mélange. Lorsque cela aura acquis l'épaisseur convenable, vous le verserez sur le levraut, et vous laisserez refroidir le tout. Faites une grande caisse de papier, garnissez-en le fond et les parois avec des bardes de lard; mettez dedans le levraut bien garni de sa sauce, et posez la caisse sur le gril. Lorsque le papier commencera à se colorer, et que la chaleur aura pénétré la caisse de toute part, vous l'ôterez du feu, vous verserez dessus un

peu de sauce espagnole réduite, et vous servirez.

Mauviettes aux fines herbes.

Après avoir plumé, vidé, flambé plusieurs
mauviettes, faites-les sauter dans une casserole avec du beurre, auquel vous ajouterez du
bouillon et un mélange de fines herbes, entre
autres, de persil, de champignons et d'échalotes, le tout haché le plus menu possible ;
assaisonnez de sel, poivre et autres aromates
pilés ; mouillez avec un peu d'espagnole et de
bouillon. Dès la première ébullition, dressez
sur le plat et servez.

Autrement, avant de servir, ajoutez-y un
verre de vin blanc et saupoudrez de farine.

Mauviettes au gratin.

Fendez par le dos et désossez une demi-douzaine de mauviettes ; remplissez-les de farce
cuite, foncez un plat avec cette même farce,
placez-y les mauviettes en couronne et entre-
mêlées de farce, de manière qu'on n'aper-
çoive que la pointe de leur estomac ; couvrez-
les de morceaux de mie de pain, de bardes de
lard et de papier beurré ; posez le tout sous
un four de campagne, et servez de belle couleur.

Mauviettes rôties.

Après avoir plumé, troussé et flambé une
demi-douzaine de mauviettes, piquez-les de
fins lardons ou bardez-les ; ensuite mettez-les
à la broche en les passant dans des atelets
pour les y fixer ; ne les videz point, arrosez

les de leur graisse et mettez dessous des rôties de pain pour en recevoir tout ce qui s'en écoule ; servez-les ensuite avec les rôties sur lesquels elles ont cuit.

DES ORTOLANS ET DES ROUGES-GORGES.

L'ortolan , si recherché des amateurs, se cuit à la broche ou au gratin. Le rouge-gorge se sert pour rôt et de la même manière.

Pluviers en entrée de broche.

Après avoir plumé et flambé une demi-douzaine de pluviers, fendez-les par le dos pour les vider. Employez tout ce qu'ils ont dans l'intérieur, à l'exception du gésier ; hachez le reste et mêlez-le avec un morceau de beurre ou du lard râpé, ajoutez du persil et de ciboules hachés, plus un peu de sel. Mettez cette farce dans le corps, et arrosez l'ouverture. Troussez vos pluviers et faites-les cuire à la broche, bardés de lard et enveloppés de papier. Quand ils sont cuits à point , dressez-les sur le plat et versez dessus une sauce aux truffes.

Perdreaux rôtis.

Plumez, videz et flambez des perdreaux , piquez-les de bardes de lard fin ; retroussez-les et mettez-les à la broche à un feu modéré, avec un morceau de pain grillé dessous. Arrosez avec du beurre frais et servez avec un citron.

Si on ne les pique point de lard , on les couvre de larges bardes , et on enveloppe le

tont de papier ou de feuilles de vigne dans la
saison.

Perdreaux en papillotes.

Videz et flambez des perdreaux, partagez-les
en deux dans toute leur longueur, saupoudrez-les de sel et faites-les sauter dans une
casserole avec du beurre. Retirez-les avant
qu'ils soient tout-à-fait cuits, et laissez-les
refroidir; mettez dans la casserole, avec ce qui
reste du beurre, des échalotes, des champignons, du persil haché; saupoudrez de farine
et mouillez avec du bouillon et du vin blanc.
Lorsque la sauce est réduite à point, versez-la
sur les perdreaux; couvrez chaque moitié de
perdreau avec des bardes de lard et enveloppez-la de papier huilé; faites griller ces papillotes à un feu très-doux et dressez-les sur
un plat.

Perdreaux aux truffes.

Flambez et videz par la poche des perdreaux
que vous vous gardez d'endommager. D'autre
part, coupez des truffes en quatre, et passez-
les dans une casserole avec un morceau de
beurre, du sel et un peu d'épices; hachez et
pilez une demi-livre de lard et des débris de
volaille, et mêlez le tout avec les truffes. Avec
cette farce ainsi composée, emplissez les perdreaux et troussez-les de manière à ce que les
truffes ne puissent s'en échapper; masquez-les
avec des ognons, des carottes et un bouquet
garni, sel et débris de viande; couvrez-les de
lard et d'un rond de papier; mouillez avec deux
verres de bouillon. Etant cuits, débridez les

perdreaux et dressez-les sur un plat avec une sauce aux truffes.

Perdreaux à la mayonnaise.

Après avoir préparé et fait mariner les perdreaux comme pour les mettre en salade, ainsi qu'il est dit à l'article ci-dessus, posez-les sur un plat, couvrez-les avec la mayonnaise et décorez le plat avec des cornichons, des croûtons, des filets d'anchois, des œufs durs, des truffes et de la gelée coupée en filets

Perdreaux grillés.

Après avoir vidé et flambé plusieurs perdreaux, partagez-les en les coupant par le milieu sur toute leur longueur ; parez-les, et imbibez-les avec du beurre fondu pour les paner à deux reprises. Après cette double opération, exposez-les sur le gril à un feu doux, et dressez-les avec une sauce à *la diable*, ou toute autre dans laquelle entre la moutarde ou le jus de citron.

Purée de perdreaux.

Enlevez les chairs de plusieurs perdreaux rôtis et refroidis ; supprimez les peaux et les nerfs. Hachez et pilez, en y ajoutant un peu de béchamel ; la purée étant faite, délayez-les avec cette même sauce, faites chauffer légèrement, et passez au tamis de soie, et ajoutez sel, poivre, un peu de beurre, et servez avec des œufs pochés et des croûtons frits.

Perdreaux à l'anglaise.

Plumez, videz, flambez et retroussez par les pattes deux perdreaux; fendez-les par le dos depuis le croupion jusqu'à la poche; puis, sans les séparer entièrement, aplatissez-les avec le couperet. Mettez-les mariner dans de l'huile, avec gros sel, poivre, laurier, ail et persil. Mettez-les ensuite sur le gril, à feu ardent. Etant grillés, servez-les avec une sauce à la maître-d'hôtel, à laquelle vous ajouterez un jus de citron.

Perdrix à l'étouffade.

Plumez, flambez et videz deux vieilles perdrix; retroussez-leur les pattes en dedans, piquez-les de moyens lardons assaisonnés de sel et d'épices; marquez-les ensuite dans une casserole, avec ognons, carottes, clous de girofle, un bouquet garni, couvrez-les de bardes de lard, et mouillez avec moitié bouillon et moitié vin blanc; mettez le sel nécessaire. Faites cuire à petit feu; après la cuisson, égouttez, et servez avec une sauce espagnole réduite à moitié, ajoutez-y un peu de fumet de gibier ou de fond de cuisson bien dégraissé et passé au tamis de soie, puis servez.

Perdrix aux choux.

Coupez un chou en deux, faites-en blanchir les morceaux dans l'eau bouillante; retirez-les, rafraîchissez-les, et égouttez-les bien. D'autre part., flambez et videz deux vieilles perdrix, dont vous retrousserez les pattes en dedans; piquez-les avec de moyens lardons assaisonnés de sel et d'un peu d'épices. Ficelez les deux morceaux de choux égouttés avec les deux perdrix ; placez les perdrix dans le fond d'une casserole, entourez-les d'une livre de petit lard dessalé et coupé en lardons, et de choux; mettez par dessus un ou deux cervelas, et une demi-douzaine de saucisses ; deux ognons, deux carottes dans les intervalles des choux. Couvrez le tout avec des bardes de lard assaisonnées de sel et d'épices, un bouquet garni. Mouillez avec du bouillon, et faites cuire à petit feu ; retirez d'abord les saucisses et les cervelas, dès qu'ils seront cuits.

De même, retirez les choux, et égouttez sur un linge, déficelez-les, et pressez-les ; dressez les perdrix sur le plat, coupez les choux après les avoir roulés ; dressez-les autour des perdrix; placez une saucisse entre chaque morceau de choux ; coupez le lard et les cervelas par tranches, et arrangez-les sur les choux et les perdrix, ainsi que les carottes coupées par rouelles ; arrosez le tout avec de la sauce espagnole.

Quartier de chevreuil rôti.

Piquez un quartier de chevreuil avec du lard bien assaisonné de sel, poivre, aromates pilés, puis vous le ferez mariner pendant deux ou trois jours dans du vinaigre avec du sel et du poivre, de l'ail, du laurier, du thym, des ognons, du persil. Faites égoutter le quartier de chevreuil lorsqu'il sera mariné ; enveloppez-le avec un papier beurré, et fai-

19..

tes-le cuire à la broche ; lorsqu'il sera presque cuit, vous ôterez le papier afin que le chevreuil prenne couleur. D'autre part, vous aurez préparé une sauce poivrade ; vous mettrez cette sauce sur un plat, et vous dresserez le quartier de chevreuil dessus.

Sauté de filets de bécasse à la provençale.

Observez, pour la préparation de vos filets, le procédé prescrit à l'article ci-dessus. Quand ils seront posés dans le sautoir , au lieu de beurre, mettez-y de l'huile d'olives avec une gousse d'ail broyée ; saupoudrez votre sauce de farine, et après avoir fait sauter vos filets, dressez-les sur le plat comme il est dit à l'article précédent, en ajoutant l'écorce d'un citron coupée en dés.

Salmi de bécasses.

Dépecez des bécasses rôties et refroidies , hachez tout ce qu'elles ont dans l'intérieur, à l'exception du gésier. D'autre part , faites une sauce avec un morceau de beurre , deux verres de vin blanc, des échalotes , laurier , ail et persil , sel et poivre ; ajoutez-y, pendant son ébullition, un peu de chapelure de pain ; dans cette sauce, mettez votre hachis avec un peu d'espagnole, faites réduire à moitié, versez sur les débris des bécasses que vous aurez dressées sur le plat avec des croûtons frits.

Salmi de canard sauvage.

Après avoir fait cuire aux trois quarts un canard sauvage à la broche, coupez-en l'estomac en aiguillettes, enlevez-en également les membres; mettez ces débris dans une casserole avec un verre de vin blanc, des échalotes hachées, un peu de zeste de bigarade râpée, deux cuillerées de bouillon, sel, poivre et muscade râpée; faites réduire la sauce; ajoutez ensuite deux cuillerées de bonne huile, et le foie du canard sauvage écrasé, et servez avec des croûtons frits.

Salmi de perdreaux.

Après avoir fait rôtir des perdreaux à la broche, dépecez-les par les cuisses, les ailes, l'estomac et le croupion; pilez-en les débris dans un mortier; passez-les ensuite dans une casserole avec du beurre frais, des échalotes, du laurier, du persil en branches; ajoutez une cuillerée de farine; délayez avec du bouillon et un verre de vin blanc. Lorsque la sauce est cuite, passez-la au tamis, et faites mijoter les morceaux dedans, puis dressez-les sur le plat avec des croûtons glacés et des truffes passées au tamis.

La sauce du salmi ainsi préparée peut aussi se servir froide, en mettant sur le plat les perdreaux découpés et refroidis; arrosez-les avec une partie de la sauce, délayez dans l'autre partie qui reste dans la casserole, un peu de gelée, et versez le tout sur les perdreaux, que vous garnissez de filets de gelée.

Salmi de mauviettes à la bourgeoise.

Faites cuire des mauviettes à la broche, laissez-les refroidir ensuite; puis ôtez-leur les têtes et ce qu'elles ont dans l'intérieur; jetez le gésier et le reste, et servez-vous-en avec les rôties; pilez le tout dans un mortier. Délayez avec un peu de bon bouillon, et passez au tamis; assaisonnez de sel, gros poivre, une gousse d'ail écrasée et un jus de citron; faites chauffer dans cette préparation vos mauviettes, sans les faire bouillir, et dressez en couronne.

DES SARCELLES.

Les sarcelles, plus petites mais plus délicates que les canards, se préparent de la même manière. On les vide.

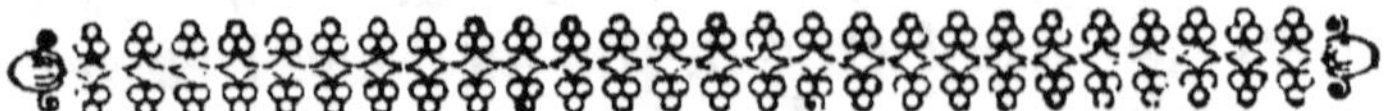

CHAPITRE VIII.

DU POISSON.

—

Des anchois.

Les anchois sont de petits poissons de mer qu'on apporte à Paris dans de petits barils et confits au sel; après les avoir bien lavés, on les ouvre en deux pour en ôter l'arète; on s'en sert ordinairement à faire des salades et pour mettre dans les sauces, comme sauce au beurre, au maigre, sauce à la rémoulade, sauce au gras avec du coulis et un peu de beurre.

Anguille en matelote.

Dépouillez une anguille, et coupez-la par tronçons; faites roussir un peu de farine dans du beurre; mettez ensuite de petits ognons; quand ceux-ci sont colorés, ajoutez du beurre, des champignons, un bouquet garni, sel, poivre, laurier et muscade râpée; mouillez avec moitié bouillon et moitié vin blanc; placez-y les tronçons d'anguille; faites cuire à grand feu pendant une demi-heure; après la cuisson, dressez-les sur le plat avec des croûtons à l'entour; masquez le tout avec la sauce.

On peut joindre à l'anguille quelques autres poissons de rivière, tels que brochet, barbillon, carpe, etc.

Alose au court-bouillon.

Videz par les ouïes, et lavez bien une alose; mettez-la dans un court-bouillon. Après la cuisson, dressez-la sur une serviette arrangée sur le plat et garnissez-la de persil vert. Servez à part une sauce blanche et un huilier ; l'huilier peut suffire.

Alose grillée.

Après avoir écaillé, vidé par les ouïes et bien nettoyé une alose, ciselez-la avec la pointe d'un couteau dans toute sa longueur ; fendez-la un peu par le dos ; faites-la ensuite mariner avec de l'huile fine, sel, poivre, persil et ciboule hachés menu, et des ognons coupés en dés. Mettez-la griller sur un feu doux et en l'arrosant avec la marinade. Au bout d'une heure, dressez-la sur le plat, que vous foncez d'une sauce blanche aux câpres, ou d'une purée d'oseille.

Bisque d'écrevisses.

Après avoir fait cuire des écrevisses sur un feu ardent avec de l'eau, du vin ou du vinaigre, du beurre, du persil en feuilles, des échalotes, de laurier, du thym, sel et poivre, laissez-les refroidir pour en retirer les chairs et les piler avec du riz crevé d'avance; mettez le tout dans une casserole, après l'avoir passé au tamis et arrosé de bouillon. D'autre part, broyez toutes les écailles avec le coulis dans lequel elles

ont cuit, passez au tamis et mettez sur le feu
dans une autre casserole, mais sans faire
bouillir, et servez avec des croûtes de pain
humectées avec le premier bouillon et colorées avec le second.

Autrement, lavez des écrevisses et broyez-
les crues dans un mortier; mettez-les ensuite
dans une casserole et sur un feu très-vif avec
du beurre, de la mie de pain, du poivre et
muscade râpée; au bout d'une demi-heure,
passez au tamis et ajoutez un peu d'eau ou de
bouillon; remettez la casserole sur un feu
doux, et servez avec des croûtes de pain comme ci-dessus.

De la brême.

La brême est un poisson très-aplati; le
plus communément elle se fait cuire sur le
gril et se sert avec une sauce blanche aux câpres, ou sur de l'oseille. Comme la brême est
assez fade, il est bien d'aiguiser la sauce avec
un peu de moutarde.

Quelquefois on la fait frire ou on la met en
matelote.

Brochet au court-bouillon.

Videz votre brochet par les ouïes, ne l'écail-
lez pas; coupez les nageoires et la queue; ficel-
lez la tête, et faites-le cuire au court bouillon, de la manière que nous allons indiquer :

Mettez votre poisson dans une casserole ou
une poissonnière; il faut qu'il trempe dans le
court-bouillon avec de l'eau, du vin blanc, un
morceau de beurre, sel, poivre, un gros bouquet de persil, ciboules, ail, girofle, thym,

laurier, basilic, quelques tranches d'ognons et de carottes. Ce poisson est meilleur cuit au vin blanc sans eau. Ayez soin de l'envelopper avec un linge; par ce moyen, vous ne serez point en danger de le rompre en le retirant. Faites mijoter une heure; après la cuisson, laissez-le refroidir et dressez-le sur une serviette parsemée de persil en feuilles; accompagnez-le d'un huilier.

Brochet et sauce aux câpres.

Après avoir fait cuire un brochet dans un court-bouillon, comme nous l'avons dit ci-dessus, enlevez-en la peau et les écailles; dressez-le sur le plat et servez avec une sauce aux câpres et aux anchois.

Brochetons à la maître-d'hôtel.

Après avoir nettoyé, écaillé et vidé des brochetons, mettez-les sur le gril, enveloppés d'une feuille de papier beurré; saupoudrez-les de sel fin; après leur cuisson, fendez-les par le dos, retirez les œufs, s'il y en a, remplissez-les de beurre manié avec du persil haché, sel et poivre; dressez-les sur le plat, et servez.

Carpe à la poulette.

Après avoir préparé et coupé une carpe par tronçons, employez pour cette sauce le même procédé que pour la fricassée de poulets. (*Voir cet article.*)

Carpe grillée.

Après avoir vidé et écaillé une carpe, faites, sur ses deux côtés, de profondes incisions;

frottez-la avec de l'huile, persil et ciboule hachés, du sel et du poivre ; faites-la ensuite griller sur un feu doux ; après sa cuisson, dressez-la sur le plat en la masquant d'une sauce aux câpres et aux anchois, ou d'une sauce blanche avec un jus de citron.

Carpe en matelote vierge.

Après avoir préparé et fait cuire votre poisson avec du vin blanc, comme le précédent, passez des petits ognons à blanc dans du beurre, au lieu de les faire rougir ; saupoudrez de farine ; passez la cuisson de la carpe au tamis sur les ognons ; lorsqu'elle bout, mêlez-y des champignons coupés et blanchis à part ; faites réduire votre sauce au tiers, et, après l'avoir dégraissée, ôtez-en, avec l'écumoir, les champignons et les ognons pour en garnir votre poisson ; faites ensuite une liaison de jaunes d'œufs ; alors entretenez le tout sans faire bouillir ; passez de nouveau la sauce au tamis, en la versant sur votre poisson, dressez sur le plat, avec un entourage de croûtons et d'écrevisses symétriquement entremêlés d'ognons et de champignons, puis servez.

Carpe à l'étuvée.

Après avoir vidé, écaillé et coupé une carpe par tronçons, passez dans une casserole des petits ognons dans du beurre manié de farine, avec des champignons, un bouquet garni, laurier, sel, poivre et muscade râpée, mouillez avec moitié bouillon et moitié vin rouge ; ajoutez-y vos tronçons de carpe ; faites cuire à grand feu ; dressez sur le plat avec une gar-

niture de croûtons ; versez la sauce par-dessus,
et servez.

Carrelets pané frits.

Vos carrelets vidés et nettoyés, fendez-les
aux trois quarts sur le dos ; enlevez l'arête,
que vous remplacez par une maître-d'hôtel ;
ensuite, relevez les filets à l'ouverture, trempez vos carrelets dans des œufs battus et enveloppez-les bien de mie de pain. Mettez-les dans
la friture ; après leur cuisson, dressez-les sur
le plat, avec du persil frit. On peut ajouter des
pommes de terre cuites à part.

Carrelets à la bonne femme.

Mettez vos carrelets vidés et nettoyés sur
un plat foncé de beurre, de persil et d'échalotes hachés, de sel et gros poivre, et d'un verre
de vin blanc ; au bout de quelques minutes
d'ébullition, couvrez les carrelets avec de la
chapelure de pain ; mettez un couvercle et du
feu par-dessus ; faites gratiner et servez.

Congre à la poulette.

Levez les chairs du congre, que vous coupez en morceaux carrés, et faites-les cuire
dans une casserole avec des champignons sautés dans du beurre, une cuillerée à bouche de
farine, un bouquet de persil, ciboule et sel ;
mouillez fortement avec du bouillon ou de
l'eau. Après la cuisson, dressez les morceaux
de congre sur le plat ; faites ensuite une liaison de jaunes d'œufs ; versez votre sauce sur
votre poisson, et servez.

Crevettes en croustade.

Après avoir épluché une certaine quantité de crevettes, pilez-en les épluchures avec un peu de beurre ; faites chauffer cette préparation sur le feu ; mouillez avec du bouillon ; faites-lui sauter un bouillon, après quoi, vous la passez et la tordez dans un linge mouillé, ôtez-en le beurre, et mettez-le dans une casserole ; saupoudrez de farine ; ajoutez une chopine de crème et le fond dans lequel a chauffé le beurre ; faites réduire et terminez par une béchamel.

Coulis d'écrevisses.

Les coulis d'écrevisses rendent délicieux tous les potages ; ces coulis bien dégraissés et réduits, servent aussi à finir des ragoûts et des pâtés chauds. Voici comme se fait un coulis :

Après avoir lavé des écrevisses à plusieurs reprises, faites-les cuire dans l'eau bouillante, retirez-les pour les mettre dans de l'eau froide ; épluchez-en les écailles et les queues, que vous mettez à part pour les piler et les broyer avec des amandes et des chairs d'écrevisses ; prenez ensuite de la rouelle de veau et du jambon, que vous coupez par tranches, avec un ognon, des carottes et des panais ; faites réduire comme un jus de veau, et ajoutez de la farine et du lard fondu ; remuez bien et mouillez avec du bouillon, faites mijoter le tout avec des champignons, persil, ciboule, truffes, croûtes de pain, clous de girofle, sel, poivre et basilic ; après avoir supprimé le veau, délayez, avec le jus, ce qui est dans le mortier, et passez au tamis, pour vous en servir au besoin.

Si c'est au maigre que vous faites un coulis d'écrevisses, au lieu de lard fondu, faites un demi-roux avec du beurre, et mouillez avec du bouillon de poisson.

Des écrevisses.

Les écrevisses de Seine sont regardées comme les meilleures. Pour distinguer les bonnes, regardez le dessus des grosses pattes, qui doit être rouge.

Ecrevisses en matelote.

Vos écrevisses lavées et épluchées, faites-les cuire au vin rouge; mettez-les ensuite dans une sauce à la matelote. Après les avoir dressées sur le plat, masquez-les de leur sauce, et servez avec un entourage de croûtes de pain frites.

Des écrevisses de mer.

On comprend, sous cette dénomination, les homards, les langoustes, les crabes, les crevettes, les chevrettes et autres crustacées du même genre. On les sert tous de la même façon, après les avoir fait cuire au court-bouillon, ou simplement, avec de l'eau et du vinaigre, et on les dresse sur le plat en forme de pyramide, et entourés de persil vert.

Eperlans frits.

Après avoir écaillé, bien lavé et essuyé des éperlans, enfilez-les par les yeux avec des

brochettes, trempez-les dans du lait, farinez-
les et faites-les frire à grand feu; quand ils
sont d'une belle couleur, dressez-les sur le
plat couvert d'une serviette, et servez.

Autrement, étant préparés comme ci-dessus,
et avant de les faire frire, trempez vos éperlans à nu dans du beurre tiède, mêlé avec
des jaunes d'œufs, battus et assaisonnés de
poivre, sel et muscade, et panez-les dans de
la mie de pain.

Eperlans au gratin.

Préparez comme il est prescrit pour les
soles.

Escargots à la poulette.

Pour des escargots, mettez une bonne
poignée de cendres dans un chaudron, avec
de l'eau de rivière. Lorsqu'elle commence à
bouillir, jetez-y les escargots, pour les y laisser un quart-d'heure. Quand ils se tirent aisément de leurs coquilles, vous les retirez dans
de l'eau tiède; ensuite, vous les remettez dans
une eau claire, pour les faire bouillir un instant. Retirez-les pour les égoutter; mettez
dans une casserole un morceau de beurre, un
bouquet de persil, ciboules, une gousse d'ail,
deux clous de girofle, thym, laurier, basilic,
des champignons, et les escargots bien égouttés, passez le tout ensemble sur le feu; mettez-
y une pincée de farine, et mouillez avec du
bouillon, un verre de vin blanc, sel, gros poivre; laissez cuire jusqu'à ce que les escargots
soient moelleux, et qu'il reste peu de sauce;
mettez une liaison de trois jaunes d'œufs avec

de la crème ; faites lier sans bouillir, ajoutez-y un peu de muscade et de jus de citron , et servez.

Esturgeon au bleu.

Mettez une forte tranche d'esturgeon ; mettez-la dans une poissonnière avec un court-bouillon composé de carottes et d'ognons coupés en dés, d'ail, de persil, de thym , de basilic et de sel ; mouillez avec moitié eau et moitié vin rouge. Achevez votre court-bouillon avec du vin blanc ou du vinaigre. Quand l'esturgeon aura bouilli pendant trois ou quatre heures à petit feu, laissez-le égoutter , dressez-le sur un plat couvert d'une serviette et entouré de persil vert.

Esturgeon braisé.

Après avoir piqué de gros lard bien assaisonné une tranche d'esturgeon, mettez-la dans une braisière juste de sa grosseur, avec du lard coupé très-fin, des carottes , des ognons et des panais coupés en dés très-minces, un bouquet garni, sel, poivre et épices en assez grande quantité ; mouillez avec du vin blanc, et faites cuire à feu ardent. Dressez sur le plat, et servez avec une sauce piquante ou italienne, dans laquelle vous aurez fait entrer le fond de cuisson.

Filets de merlans farcis.

Levez et parez des filets de merlans de grosseur moyenne ; foncez ensuite un plat qui aille au feu avec une farce ainsi composée : Mêlez de la mie de pain trempée dans du lait, passez dans un tamis à quénelles; ajoutez ensuite du beurre frais assaisonné de sel, poivre, muscade, quelques truffes et quelques champignons, et deux blancs d'œufs pour liaison ; sur cette farce, étendez avec symétrie vos filets coupés sur d'autres merlans assez gros, pour en faire des morceaux en forme de bonbons ; recouvrez-les de la même farce et remplissez-en les intervalles ; placez-les sous le four de campagne; au bout d'une demi-heure, retirez-les et versez dessus une sauce italienne très-chaude.

Filets de merlans aux truffes.

Après avoir paré et coupé vos filets, mettez-les dans un sautoir avec du beurre fondu, saupoudrez-les avec sel, poivre, muscade râpée ; ajoutez du beurre et du jus de citron, et achevez de les faire cuire en les sautant; après leur cuisson, faites-les égoutter, et mettez à leur place, dans le sautoir, des truffes coupées en dés très-minces ; faites réduire avec un peu de sauce allemande que vous liez avec du beurre ; replongez-y vos filets, et dressez-les de suite sur le plat, avec un entourage de croûtons frits.

Filets de soles sautés.

Vos filets préparés comme les précédens, mettez-les dans un sautoir avec du beurre ; saupoudrez-les de persil et de ciboule hachés très-fin, de sel, de poivre et de muscade râpée; faites-les roidir en les retournant sur un feu très-vif; dressez-les ensuite sur le plat, et couvrez-les d'une sauce italienne,

Filets de soles à l'anglaise.

Après avoir levé la peau et les filets de vos soles, parez vos filets, puis panez-les à deux reprises, la première en les imbibant de beurre fondu, la seconde avec des œufs battus avec le beurre; jetez-les ensuite dans de la friture bien chaude; et quand ils ont une belle couleur dorée, dressez-les sur le plat avec une sauce à la maître-d'hôtel.

Filets de soles en papillotes.

Levez les peaux qui couvrent vos filets; parez les filets et assaisonnez de sel et de poivre; recouvrez-les de farce à quénelles faite avec des merlans; roulez-les sur eux-mêmes, et donnez-leur une forme ronde; enveloppez-les ensuite d'une feuille de papier graissée avec du beurre ou de l'huile; ficelez et faites cuire au court-bouillon ; après la cuisson, égouttez et dressez sur le plat avec une sauce italienne.

Grenouilles frites.

Après avoir blanchi comme il est dit ci-dessus des cuisses de grenouilles, faites-les mariner pendant une heure avec moitié eau et moitié vinaigre, persil, ciboules entières, ognons en tranches, ail, échalotes, clous de girofle, laurier, thym, basilic ; mettez-les égoutter, puis trempez-les dans des blancs d'œufs ; saupoudrez-les de farine, et jetez-les dans la friture bien chaude. Autrement, avant de les faire frire, trempez-les dans une pâte faite avec de la farine délayée avec de l'huile du vin et du sel. Quand vos cuisses sont frites et d'une belle couleur, dressez-les sur le plat, et servez-les très-chaudes avec un jus de citron.

Goujons à l'étuvée.

Vos goujons étant vidés, écaillés et essuyés, prenez un plat, et foncez-le de beurre, de champignons, de persil, d'échalotes, de ciboules, thym, laurier et basilic, le tout haché très-fin; assaisonnez de sel et de poivre; arrangez-y vos goujons, et mettez dessus les mêmes ingrédiens que dessous. Mouillez avec du vin rouge; ornez votre plat; faites bouillir et réduire votre sauce. Au bout d'un quart-d'heure, servez avec un jus de citron.

Huîtres en coquilles.

Après avoir ouvert des huîtres, faites-les blanchir dans leur eau, laissez-les égoutter, faites-les revenir dans du beurre, avec des champignons, des échalotes et du persil hachés, de l'huile d'olive, poivre et muscade râpée, beaucoup de farine; mouillez avec du bouillon et du vin, mettez vos huîtres avec les fines herbes, faites réduire; prenez ensuite quelques-unes des plus grandes coquilles, mettez dans chacune d'elles cinq ou six huîtres cuites avec de la sauce, couvrez de chapelure, arrosez de beurre fondu, et placez sur le gril à un feu très-doux; faites prendre couleur sous le four de campagne, et servez.

Huîtres à la poulette.

Pour cette sauce et pour plusieurs autres

on les blanchit et on les accommode comme la morue. (*Voir plus haut.*)

Lamproie en matelote.

Après avoir préparé une lamproie comme il est dit à l'article précédent, et l'avoir coupée par morceaux, réservez le sang qu'elle aura rendu pour lier votre sauce; enlevez-en la tête et l'extrémité de la queue ; faites un roux dans une casserole; faites-y revenir votre poisson; mettez ensuite de petits ognons revenus dans le beurre, des champignons, un bouquet garni, sel et poivre; mouillez avec du vin rouge ou avec du vin blanc; après la cuisson, liez votre sauce avec le sang de votre lamproie, et dressez-la sur le plat avec un entourage de croûtons frits et d'écrevisses cuites à part.

Lotte au court-bouillon.

Après avoir nettoyé une lotte, mettez-la cuire dans un court-bouillon , avec du vin blanc que vous aurez fait et passé d'avance au tamis, vu qu'il ne faut que quelques minutes pour la cuire ; après sa cuisson, dressez-la sur le plat, et servez avec une sauce à votre choix.

Lotte frite.

Après avoir trempé un instant une lotte dans l'eau bouillante, essuyez-la bien, faites-lui des incisions sur les côtés et dans toute sa longueur; marinez-la, et la plongez dans la friture chaude; le foie se fait cuire à part, dressez sur le plat , et servez avec un jus de citron.

Maquereaux au court-bouillon.

Vos maquereaux étant préparés comme à l'article précédent, mettez de l'eau dans une casserole avec persil, ciboules, une gousse d'ail, du fenouil, un peu de basilic, sel et poivre; ajoutez un verre de vin blanc; lorsque ce court-bouillon sera bouillant, mettez-y vos maquereaux; un quart-d'heure suffit pour les cuire; égouttez-les et dressez-les sur le plat avec une sauce aux câpres et aux anchois, ou au beurre noir avec du persil frit à l'entour. Arrosez avec un jus de citron.

Maquereaux en papillottes.

Videz et essuyez vos maquereaux; ôtez-en les laitances, que vous faites cuire dans une casserole avec du beurre, sel, poivre et jus de citron; après les avoir laissé refroidir, maniez-les avec une sauce à la maître-d'hôtel froide, et farcissez-en vos maquereaux, enveloppez chacun de vos maquereaux avec une feuille de papier huilé; ficelez les deux extrémités du papier, et mettez vos maquereaux sur le gril; dressez-les ensuite sur le plat avec leurs enveloppes.

Merlans frits.

Otez les ouïes de vos merlans, écaillez-les, videz-les et lavez-les; remettez les foies dans le corps, essuyez-les, coupez le bout de la queue des nageoires; cisclez-les légèrement des deux côtés, roulez-les dans la farine, et faites-les frire dans une friture très-chaude; quand ils seront fermes et de belle couleur,

sortez-les de la friture, dressez-les sur le plat
et saupoudrez-les de sel fin.

Merlans au gratin.

Foncez un plat qui aille au feu, avec du
beurre, persil, ciboules, échalotes et champignons hachés très-fin; couvrez vos merlans
préparés comme ci-dessus avec cette même
mixture; assaisonnez de sel, poivre et muscade, ajoutez un verre de vin blanc; placez
sur un feu doux et sous un four de campagne,
en arrosant le dessus avec du beurre fondu;
faites mijoter, et quand tout a pris une belle
couleur dorée, servez avec un jus de citron.

Merlans grillés.

Videz et nettoyez vos merlans, fendez-les
sur les deux côtés, saupoudrez-les de sel et
de poivre, trempez-les dans de l'huile, roulez-les dans de la farine; et mettez-les sur le
gril à un feu vif; quand ils sont grillés à point,
dressez-les sur le plat, et recouvrez-les d'une
sauce au beurre avec des câpres, ou d'une
tomate avec des cornichons coupés en dés, ou
de citron coupé en tranches.

Merlans aux fines herbes.

Préparez vos merlans comme nous l'avons
dit ci-dessus à l'article *Merlans frits ;* mettez-les dans un plat beurré; saupoudrez-les
de sel, poivre, muscade, de persil et ciboules
hachés fin; mouillez-les avec du beurre fondu,
puis avec plusieurs verres de vin blanc; re-
tournez-les pour les cuire également des deux
côtés; laissez-les sur leur plat, et achevez de

lier la sauce avec du beurre frais manié avec de la farine ; servez avec un jus de citron.

Morue à la maître-d'hôtel.

Après avoir écaillé et lavé un morceau de morue, mettez-le dans une casserole à l'eau fraîche. Quand il sera sur le point de bouillir, écumez-le et ôtez-le du feu dès que l'eau bout. Couvrez-le pendant un demi-quart d'heure ; ensuite retirez-le de l'eau et faites-le égoutter. Après en avoir levé les feuillets, mettez-le dans une casserole avec un morceau de beurre, du persil et des ciboules hachés, poivre et muscade râpée ; faites chauffer en le retournant, et servez de suite avec un jus de citron.

Morue à la provençale.

La morue étant cuite à l'eau et bien égouttée, ôtez-en les peaux et les arètes ; prenez le plat que vous devez servir, mettez dans le fond de l'échalote, un peu d'ail, de la muscade râpée, persil, ciboules, du zeste de citron, du gros poivre, deux cuillerées d'huile, un peu de beurre. Arrangez la morue dessus ; remettez par-dessus le même assaisonnement que dessous, et panez ensuite avec la chapelure de pain. Mettez le plat sur un petit feu, pour qu'elle bouille doucement, et faites-lui prendre couleur par-dessus avec une pelle rouge ou un couvercle de tourtière ; servez avec un jus de citron. Autrement, la morue étant préparée comme ci-dessus, écrasez-la avec une cuiller de bois ; pilez-la et la mettez dans une casserole. Versez dessus, et petit à petit, une demi-livre d'huile, en remuant fortement. Pour éviter que l'huile ne tourne point, ajoutez de temps en temps un peu d'eau d'ail. La morue étant bien blanche et bien amalgamée avec l'huile, finissez avec un jus de citron, et servez avec une garniture de croûtons frits.

Moules à la poulette.

Commencez par ratisser les coquilles de vos moules avec un couteau, pour en enlever les sables et les ligamens qui les environnent; lavez-les à plusieurs eaux, faites-les égoutter, mettez-les dans une casserole à grand feu, agitez-les, et lorsqu'elles sont ouvertes par l'action du feu, retirez-les et supprimez tout ou partie des coquilles. Ayez soin d'ôter les crabes, s'il s'en trouve. Passez l'eau qu'elles ont rendue à travers un tamis de soie; laissez-la déposer et tirez-la au clair. Maniez un morceau de beurre avec de la farine; délayez le tout avec de l'eau des moules et un peu de persil haché fin, sel, poivre et muscade râpée; faites réduire cette sauce, remettez-y les moules; et, au moment de servir, ajoutez une liaison de jaunes d'œufs et le jus d'un citron. Ne mettez de sel qu'autant que l'eau de vos moules ne serait pas naturellement assez salée.

Moules au naturel.

Vos moules étant nettoyées, faites-les cuire à grande eau, et servez-les sans en enlever les coquilles; dressez-les sur le plat et versez dessus une sauce composée de beurre fondu, de sel, de muscade et d'un jus de citron.

Perches grillées.

Lorsqu'elles sont vidées et écaillées, ciselez vos perches et marinez-les comme ci-dessus ; faites-les ensuite cuire sur le gril, et servez-les avec une sauce aux câpres et aux anchois.

Perches frites.

Nettoyez des perches, faites-leur des incisions sur les deux côtés, pour les faire mariner avec de l'huile, des ognons, un jus de citron, du persil et du sel ; roulez-les dans la farine ; après les avoir égouttées, mettez-les dans la friture chaude. Quand elles sont cuites et de belle couleur, dressez les sur le plat, et servez avec du persil frit. On peut aussi les paner et les mettre sous le four de campagne pour les colorer.

De la raie.

Parmi les différentes espèces de raies, la bouclée est la plus recherchée.

Raie au beurre noir.

Après l'avoir bien lavée à l'eau fraîche et ôté l'amer du foie, faites cuire votre raie dans de l'eau de sel, avec quelques tranches d'ognons et du vinaigre. Après sa cuisson, retirez-la pour l'éplucher, c'est-à-dire en enlever la peau et les bords ; lorsqu'elle est ainsi nettoyée et parée, faites frire du persil en feuilles dans du beurre, entourez-en la raie égouttée et dressez sur le plat ; versez dessus une sauce au beurre noir, et servez.

Raie à la sauce blanche.

Après avoir fait cuire et épluché votre raie comme il est dit précédemment, dressez-la sur le plat, semez dessus des cornichons coupés en dés ou des câpres et arrosez-la d'une sauce blanche.

Rougets au court-bouillon.

Après avoir vidé et écaillé des rougets, faites-les cuire dans une casserole avec du beurre et du vin blanc, un bouquet garni, un clou de girofle, ognons en tranches, sel et poivre. Comme il ne faut qu'un moment pour atteindre leur parfaite cuisson, vous ne les mettrez dans votre court-bouillon, qu'après que celui-ci aura bouilli l'espace d'une demi-heure. Quand vos rougets sont cuits, dressez-les sur le plat avec une sauce aux câpres ou aux anchois, et servez.

Rougets grillés.

Vos rougets étant vidés et écaillés, mettez-les mariner dans de l'huile, faites-les ensuite cuire sur le gril ; après leur cuisson, dressez-les sur le plat en les masquant d'une sauce au beurre ou à l'huile, et servez.

Du saumon.

Le meilleur saumon est celui dont la chair est d'un rouge orangé ; quelquefois on le sert entier, mais bien plus souvent par tranches ou darnes.

Saumon au bleu.

Videz un saumon dont vous enlevez les ouïes; lavez-le à grande eau; ficelez la tête avec l'extrémité de la queue, et placez-le dans une poissonnière avec du vin en quantité suffisante pour le baigner, des carottes et des ognons coupés en dés, thym, laurier, clous de girofle et persil en feuilles. Après l'avoir laissé mijoter pendant trois ou quatre heures, retirez-le, égouttez-le, et dressez sur un plat recouvert d'une serviette et couronné de persil bien vert. Servi de cette manière, le saumon ne s'écaille point. Autrement cette précaution est recommandée.

Saumon grillé aux câpres.

Faites mariner pendant une heure une ou plusieurs darnes de saumon avec de l'huile, des ognons coupés en dés, des ciboules, du persil, sel et poivre; mettez-les ensuite sur le gril, et arrosez-les avec la marinade; dressez-les sur le plat, en versant dessus une sauce blanche aux câpres et une sauce tomate.

Sardines fraîches frites.

Préparez des sardines comme ci-dessus; quand elles sont bien essuyées, farinez-les, faites-les frire dans du beurre, et servez.

Soles au gratin.

Videz et lavez des soles comme pour les faire frire; ensuite formez un plat qui aille au feu avec du beurre tiède, du persil, des échalotes, des ciboules et des champignons hachés très-fin, sel, poivre et muscade râpée; posez vos soles sur ces ingrédiens, et mettez-en par-dessus elles une seconde couche avec du beur-re; ajoutez un verre de vin blanc et saupou-drez de mie de pain ou de chapelure; arrosez avec du beurre fondu, afin que votre gratin prenne une belle couleur, mettez le plat sur un feu modéré et sous un four de campagne.

Soles sur le plat.

Nettoyez et essuyez bien vos soles, et sau-poudrez-les de fines herbes. Mettez-les ensuite dans un plat foncé de beurre assaisonné de sel, poivre, persil, échalotes, muscade râpée ; mouillez avec du vin blanc, et couvrez le tout d'une couche de mie de pain ou de chapelure ; arrosez avec du beurre fondu, et terminez comme à l'article précédent.

De la tanche.

Comme la tanche séjourne habituellement dans la vase, elle en conserve souvent l'odeur et le goût. Il est donc nécessaire de la faire bien dégorger. Pour l'écailler, il faut d'abord la mettre un instant dans l'eau bouillante. On la vide, on la lave et on lui ôte les nageoires. Elle s'accommode ordinairement de la même manière que la carpe et la perche.

Tanche à la poulette.

Après avoir fait dégorger et écaillé une tan-che, coupez-la par tronçons, passez-la au beurre, saupoudrez de farine, mouillez avec du vin blanc; ajoutez sel, muscade râpée, bouquet garni, laurier, champignons et petits ognons ; faites cuire à feu ardent ; faites une liaison avec des jaunes d'œufs ; dressez sur le plat, et servez avec du jus de citron.

Tanche en matelote.

Usez de la recette indiquée pour la carpe en matelote.

Tanche grillée.

Après avoir préparé une tanche, comme nous l'avons ci-devant prescrit, mais sans la dépecer, mettez-la sur le gril ; après sa cuisson, dressez-la sur le plat et masquez-la d'une sauce aux câpres et aux anchois.

De la tortue.

Il y a des tortues de terre et de mer. On ne s'en sert ordinairement que pour garnitures de ragoûts.

Tortue en haricot.

Après avoir coupé la tête et les pattes d'une tortue, faites-la cuire pendant quelques instans dans de l'eau avec des racines, ognons, persil, ciboules, des tranches de citron et du sel ; retirez-la pour en détacher l'écaille ; supprimez l'amer, coupez la chair par morceaux, et mettez ces morceaux dans une casserole avec des bardes de lard dessus et dessous ; couvrez avec le four de campagne, et faites bien mijoter ; après la cuisson, dressez sur le plat, et servez avec des navets roussis dans le beurre.

Turbot au court-bouillon.

Préparez un turbot comme à l'article précédent, puis mettez-le cuire dans de l'eau, à laquelle vous ajoutez du sel, du laurier, un peu de thym, du persil, ciboule et ognon; saupoudrez de sel et de poivre. Au bout d'une demi-heure d'ébullition, passez au tamis, mêlez-le avec du lait, et achevez de cuire dans une turbotière; laissez-le refroidir, et dressez le turbot sur table, étendu simplement sur une serviette blanche, avec un entourage de persil bien vert. On peut aussi l'accompagner d'une saucière, comme à l'article précédent.

Si vous tenez à ce que votre turbot soit très-blanc, laissez bouillir le court-bouillon à part, l'espace d'un quart-d'heure.

Turbot en salade.

Coupez par morceaux un turbot cuit et refroidi, et mettez ces morceaux dans une casserole avec de la gelée, ajoutez-y de l'huile et du vinaigre, une ravigote hachée; faites-les sauter, et saupoudrez ensuite de sel et de poivre, dressez-les sur le plat en les entremêlant artistement de cœurs de laitues, de cornichons et d'œufs durs coupés en rouelles. On peut y joindre encore des anchois, des câpres et des croûtons frits, avec du zeste de citron.

Turbot en matelote.

Prenez un petit turbot; après l'avoir paré, remplissez son intérieur d'une sauce à la maitre-d'hôtel dans son état de crudité. D'autre part, coupez en très-petits dés un certain nombre d'ognons, mettez ces ognons émincés sur un plat qui aille au feu, avec un morceau de beurre ; ajoutez sel, poivre, thym, laurier, persil haché et muscade râpée ; sur cette préparation placez votre turbotin, et mouillez avec du vin blanc ; faites cuire sous un four de campagne et sur un feu modéré, en ayant soin de l'arroser fréquemment avec son beurre. Préparez, avant de servir, une certaine quantité de croûtes de pain, entourez-en votre turbot, dressez-le sur le plat, et versez dessus la sauce avec un jus de citron.

Truite frite.

La truite se prépare et se fait frire de la même manière que la carpe.

Truite à la Chambord.

Après avoir vidé une truite, faites-la blanchir dans de l'eau bouillante ; enlevez-en légèrement la peau, et égouttez-la pour la piquer avec des filets de truffes. Faites-la cuire ensuite dans une marinade de vin ; après la cuisson, dressez-la sur le plat avec une garniture de ris-de-veau piqué, d'écrevisses, de quénelles de carpe, de truffes coupées par tranches et de champignons ; masquez le tout d'une sauce à la financière, et servez

Truite au court-bouillon.

Videz une truite par les ouïes; après l'avoir bien lavée et essuyée, ficelez-lui la tête, puis faites-la cuire dans une poissonnière avec du vin blanc, des ognons coupés par tranches, une poignée de persil, quelques clous de girofle, trois feuilles de laurier, autant de branches de thym, et du sel; quand elle aura mijoté pendant une heure, dressez-la sur une serviette et sur un lit de persil vert: mettez à côté un huilier ou une sauce faite avec une partie du court-bouillon que vous liez avec du beurré manié de farine, et que vous faites réduire à grand feu.

Autrement.

Après l'avoir préparée comme ci-dessus, mettez dans la poissonnière de l'eau, du sel, du poivre, des échalotes et des tranches d'ognons, force persil, un peu d'ail et un verre de vinaigre. Il faut que le poisson trempe dans l'eau. Faites-le cuire à gros bouillon, et servez comme nous venons de le dire ci-dessus. On peut aussi le servir avec une sauce aux câpres et aux anchois.

Vives à la maître-d'hôtel.

Videz et lavez des vives, après avoir coupé les arètes du dos et des ouïes; ciselez-les légèrement des deux côtés; faites-les mariner dans de l'huile avec du persil et du sel. Parez-les ensuite sur le gril ; après leur cuisson, dressez-les sur le plat, et masquez-les d'une sauce à la maître-d'hôtel, ou avec une sauce au beurre semée de câpres.

CHAPITRE IX.

DES LÉGUMES.

—

Artichauts à la barigoule.

Préparez vos artichauts comme nous venons de le dire, et ne laissez cuire que jusqu'à ce que le foin puisse s'arracher facilement. Etant bien égouttés, mettez-les dans de la friture chaude, pour faire prendre couleur à l'extrémité des feuilles. Hachez ensuite des parures de lard ; ajoutez-y des champignons, persil, échalotes hachés, sel et gros poivre, un peu d'épices, plus un quarteron d'huile et de beurre. Mettez ces ingrédiens dans une casserole, et passez-les bien ; laissez-les refroidir pour en remplir l'intérieur de vos artichauts ; ficelez ceux-ci, de crainte qu'ils ne s'effeuillent, et mettez dans une casserole foncée avec des bardes de lard, des tranches de veau, thym et laurier ; mouillez avec moitié bouillon et moitié vin blanc, faites mijoter sur le feu ; mettez une feuille de papier beurré sur vos artichauts, et du feu sur le couvercle. Etant cuits, déficelez-les et dressez-les sur le plat, en versant dedans une sauce italienne bien finie, ou un peu d'espagnole.

On peut aussi faire un petit roux que l'on mouille avec la cuisson des artichauts, et les arroser avec cette sauce.

Artichauts frits.

Coupez vos artichauts par quartiers; ôtez-en le foin, coupez l'extrémité des feuilles, et prenez le fond. Divisez chaque quartier en plusieurs morceaux, et jetez-les à mesure dans l'eau froide; retirez-les et laissez égoutter pour les tremper dans une pâte composée de farine, de blancs et de jaunes d'œufs, de sel, poivre, d'huile, de bière, et d'un filet de vinaigre. Remuez vos artichauts dans cette pâte à frire, de manière que toutes les feuilles en soient bien imprégnées. Il ne faut pas que la pâte soit ni trop claire ni trop épaisse. Ayez soin de mettre les morceaux l'un après l'autre dans la poêle à frire, afin qu'ils ne se mêlent pas. Étant de belle couleur, dressez-les sur le plat avec du persil frit.

On peut aussi, avant de les mettre dans la pâte, les faire mariner pendant une heure dans un peu de vinaigre et de sel, les égoutter et procéder ensuite comme ci-dessus.

Artichauts à la sauce blanche.

Commencez par couper l'extrémité des feuilles de vos artichauts, enlevez les plus petites vers la queue, en coupant à vif tout l. dessous, et, lorsqu'ils sont ainsi parés, faites-les cuire dans l'eau bouillante avec du sel;

après leur cuisson, égouttez-les ; enlevez les feuilles du milieu pour retirer le foin avec précaution ; replacez les feuilles ; au moment de servir, faites chauffer de nouveau vos artichauts, égouttez-les, dressez-les sur le plat avec une sauce blanche versée dedans, ou mise dans une saucière à côté d'eux.

Asperges à la sauce blanche.

Avec la pointe de votre couteau, commencez par enlever les feuilles qui sont le long de la tige des asperges, ratissez-en les queues, coupez vos asperges d'égale longueur, lavez-les à l'eau froide, puis arrangez-les par petits paquets, et faites-les cuire dans l'eau bouillante avec un peu de sel ; un quart-d'heure suffit pour les cuire à point ; il faut veiller à ce qu'elles ne le soient pas trop. Si le cas arrivait, faites-les rafraîchir ; elles doivent toujours être un peu croquantes. Après leur cuisson, égouttez-les en les étalant, de peur qu'elles ne se recuisent par leur propre chaleur ; dressez-les sur le plat, et servez avec une sauce blanche versée dessus, ou mieux, mise dans une saucière pour les accompagner ; étant froides, servez vos asperges avec un huilier.

Asperges en petits pois.

Ayez de petites asperges longues et vertes ; coupez-les en petits morceaux de trois ou quatre lignes d'épaisseur ; faites-les blanchir à grand feu dans de l'eau et du sel, mettez-les dans de l'eau froide, égouttez les, mettez-les ensuite dans une casserole avec un morceau de beurre ;

quand elles sont revenues, ajoutez un peu de farine, et mouillez à l'eau ou au bouillon, un bouquet de persil et de ciboules, sel, poivre, muscade râpée, et un peu de sucre; faites réduire la sauce et liez-la avec des jaunes d'œufs; dressez ensuite sur le plat, et servez avec une garniture de croûtons frits.

Betteraves en fricassée.

Après avoir épluché des betteraves cuites dans l'eau ou au four, mettez-les dans une casserole avec un morceau de beurre, persil et ciboules hachés, un peu d'ail, une pincée de farine, un peu de vinaigre, sel et poivre ; faites bouillir un quart-d'heure, et servez.

Cardons au gratin.

Vos cardons étant cuits comme nous l'avons dit à l'article *Cardons au jus*, égouttez-les; faites une sauce liée dans laquelle vous mettez du fromage de Parme ou de Gruyère râpé; mettez-y vos cardons ; saupoudrez de fromage, d'abord, et ensuite de mie de pain le fond du plat que vous devez servir, faites gratiner, posez vos cardons avec leur sauce sur le gratin, en saupoudrant chaque couche avec du fromage râpé ; terminez par une couche de mie de pain mêlée de fromage; arrosez cette dernière couche avec du beurre fondu ; posez le plat sur des cendres bien chaudes, et recouvrez-le avec le four de campagne ; quand vos cardons sont d'une belle couleur, servez

Cardons au jus.

Vos cardons étant préparés comme nous venons de le dire, faites-les cuire dans du bouillon, dans lequel vous aurez préalablement délayé un peu de farine, de poivre et de muscade râpée, ajoutez un bouquet garni; quand vos cardons sont cuits convenablement, mettez-les dans une casserole avec un morceau de beurre; saupoudrez de farine, et mouillez avec du jus ou quelque fond de cuisson; faites-les ainsi revenir pendant un quart-d'heure, dressez-les sur le plat, et servez-les avec leur sauce par-dessus.

Carottes à la flamande

Après avoir épluché et coupé des carottes en tranches, faites-les blanchir quelques instans à l'eau bouillante, avec du sel et gros comme une noix de beurre; faites ensuite dans une casserole un roux léger, ajoutez-y un peu de sucre en poudre; mouillez avec du bouillon; mettez-y vos carottes égouttées.

Carottes à la maître-d'hôtel.

Tournez en petits bouchons des carottes bien épluchées; faites-les cuire dans de l'eau et du bouillon avec du beurre et du sel; après leur cuisson, égouttez-les; mettez dans une casserole un morceau de beurre, du persil et de la ciboule hachés, du sel et du gros poivre; sautez légèrement vos carottes dans cette préparation; dressez-les sur le plat, et servez.

Du céleri.

Le céleri se sert ordinairement en salade, lorsqu'il est blanc et tendre; alors on l'accompagne d'une rémoulade. *(Voir cet article.)*

Autrement, on le sert comme entremets.

Céleri au jus.

Parez des pieds de céleri en ôtant les feuilles vertes; lavez-les dans plusieurs eaux, et coupez-les d'égale longueur; faites-les blanchir à l'eau de sel; après les avoir rafraîchis et égouttés, mettez-les dans une casserole avec un morceau de beurre; saupoudrez de farine, faites revenir votre céleri, ensuite mouillez avec du bouillon, assaisonnez de sel, poivre et muscade râpée; après la cuisson, faites une liaison avec quelques cuillerées de jus, et servez.

Chicorée au velouté.

Préparez votre chicorée pour la faire blanchir à l'eau de sel, et en l'enfonçant bien avec une écumoire, de peur qu'elle noircisse; lorsqu'elle est blanchie, rafraîchie et bien égouttée, hachez-la comme les épinards, masquez-la ensuite dans une casserole avec un morceau de beurre, sel et gros poivre; mouillez en remuant bien avec moitié consommé et moitié velouté; faites réduire la sauce, et dressez votre chicorée sur le plat avec une garniture de croûtons frits.

22..

Champignons aux fines herbes.

Hachez les queues de vos champignons, pressez-les dans une serviette pour en extraire l'eau ; ajoutez-y du persil, des échalotes, des cornichons, des câpres hachés très-fin, du sel et du poivre ; mêlez le tout en y mettant de l'huile ; garnissez avec cette farce l'intérieur des champignons ; saupoudrez de chapelure, et placez sous le four de campagne.

Champignons au gratin.

Faites revenir des champignons dans le beurre, avec des truffes, du persil, des échalotes et d'autres champignons hachés fin ; saupoudrez de farine ; mouillez avec du bouillon et un peu de jus ; assaisonnez de sel, poivre et muscade ; faites réduire la sauce, et mettez-les sur un plat ou dans des coquilles ; saupoudrez de chapelure, et placez sous le four de campagne.

Croûte aux champignons.

Epluchez des champignons ; fendez-les en deux ou en quatre, selon leur grosseur ; mettez-les dans une casserole avec un morceau de beurre, un bouquet de persil et de ciboules ; passez-les au feu ; ajoutez un morceau de beurre manié de farine ; mouillez avec du bouillon ; assaisonnez de poivre, muscade et peu de sel ; faites cuire à petit feu des jaunes d'œufs et de la crème, et versez votre ragoût sur une croûte placée au milieu du plat. Cette croûte aura été préalablement bien beurrée, des deux côtés , et mise un moment sur le gril.

Des choux.

Les choux blancs , les choux verts et ceux de Milan se servent de la même manière.

Choux au lard.

Faites blanchir à l'eau bouillante un ou plusieurs choux entiers; puis après les avoir coupés par quartiers, remettez-les dans la marmite avec des bardes de lard, un morceau de petit salé et un saucisson; mouillez avec de l'eau ou du bouillon, assaisonnez de poivre et muscade, un bouquet de persil et ciboules, point de sel, rapport au mouillement qui doit réduire ; faites jeter plusieurs bouillons, et cuire ensuite à petit feu ; quand tout est cuit à point, dressez sur le plat, le chou dessous et le petit salé dessus ; faites ensuite réduire la cuisson, dans laquelle vous mélangez un peu de jus ou de beurre manié de farine; versez sur votre chou maintenu chaud , et servez.

Choux farcis.

Après avoir supprimé les feuilles extérieures, faites blanchir un ou plusieurs choux, comme nous l'avons dit ci-dessus; au bout d'un quart-d'heure , retirez-les de l'eau bouillante pour les mettre dans l'eau froide ; ensuite, après les avoir bien égouttés en les pressant entre vos mains, enlevez-en tous les cœurs ou trognons ; écartez les feuilles avec précaution ; remplissez l'intérieur de vos choux d'un

mélange de chair à saucisse et de marrons rôtis hachés ou de toute autre farce (godiveau,
farce à quénelle, etc.); recouvrez les ouvertu-
res avec des feuilles, et faites-leur reprendre
leur forme première en les ficelant avec soin.
Foncez une casserole de bardes de lard; placez-y vos choux et recouvrez-les aussi de bardes. Ajoutez des ognons, dont un piqué de
clous de girofle, des carottes, un bouquet garni, gros poivre et muscade râpée; mouillez
avec du bouillon et un peu de vin blanc; faites cuire à petit feu et réduire la sauce. La
cuisson arrivée à son point, enlevez vos choux,
déficelez-les et dressez-les sur le plat; passez
votre sauce au tamis, masquez-en vos choux,
et servez.

On peut aussi les servir avec une sauce espagnole.

Choux à la créme.

Faites cuire des choux à l'eau de sel; lorsqu'ils s'écrasent facilement sous le doigt,
égouttez-les et pressez-les entre vos mains.
Après les avoir hachés, masquez-les dans une
casserole avec un morceau de beurre, sel,
poivre et muscade râpée; saupoudrez de farine ; mouillez avec de la crème; faites mijoter
jusqu'à ce que les choux soient fondus et bien
liés ; dressez-les alors sur le plat, et servez.

Des choux-fleurs.

Cette espèce de choux, originaire d'I-
talie, exige une grande attention pour l'é-
plucher, à cause des chenilles et des limaces
qui se logent entre les pédicules. Il convient

de séparer d'abord les côtes par morceaux, et d'enlever les feuilles et la peau des tiges à mesure qu'on les épluche; on les met dans l'eau; ensuite on les fait cuire dans une casserole avec de l'eau, du sel et un peu de beurre; mettez-les dans l'eau bouillante et prenez garde qu'ils cuisent trop. Dans ce doute, renouvelez avec de l'eau froide celle dans laquelle ils ont cuit.

Choux-fleurs à la sauce blanche.

Vos choux-fleurs étant cuits, égouttez-les et les dressez sur le plat, de sorte qu'ils aient la forme d'un choux entier. Mettez les plus petits morceaux au milieu; égouttez-les de nouveau en penchant le plat, et versez dessus une sauce blanche ou un jus; ajoutez un peu de muscade râpée, et servez.

Autrement, après avoir égoutté vos choux-fleurs, faites une sauce blanche liée, sautez-les dedans, et dressez-les sur le plat.

Choux de Bruxelles.

Ces petits choux sont verts et de la grosseur d'une noix; supprimez-en les feuilles qui jaunissent, et faites-les cuire à l'eau de sel. Étant rafraîchis et bien égouttés, mettez-les dans une casserole avec un morceau de beurre, sel et poivre; pour lier le beurre, ajoutez un peu de velouté, et servez.

Concombres à la crème.

Pelez des concombres et fendez-les en deux parties égales, pour en ôter les graines et tout l'intérieur, coupez-les en gros dés pour

les faire blanchir à l'eau de sel; retirez-les
presque cuits, égouttez-les et roulez-les dans
une serviette pour les bien sécher; mettez
ensuite dans une casserole un morceau de
beurre avec un peu de farine, sel, gros poivre
et muscade râpée; mélangez bien le tout,
ajoutez de la crème; lorsque votre sauce est
en ébullition, mettez-y les concombres; faites-les ainsi réchauffer sans bouillir, et servez
la sauce par-dessus.

Concombres au gras.

Après avoir épluché et coupé vos concombres en gros dés, faites-les blanchir et essuyer
comme ci-dessus; faites ensuite un roux léger,
et passez-y vos concombres, ou faites-les revenir simplement dans le beurre; alors saupoudrez de farine; mouillez avec du jus ou du
bouillon, ou avec un fond de cuisson; assaisonnez de sel, gros poivre et muscade râpée;
faites cuire à petit feu; après leur cuisson,
retirez vos concombres, faites réduire la sauce
passez-la au tamis, versez-la sur les concombres, et servez.

Des cornichons.

Ils servent à garnir des salades cuites : on
en fait aussi des ragoûts. Vous les faites
bouillir un instant dans de l'eau pour leur
ôter la force du vinaigre, et les mettez dans
une bonne sauce ou ragoût : ne les faites plus
bouillir, et servez avec ce que vous jugerez à
propos.

Épinards à la crème.

Vos épinards préparés comme ci-dessus, mettez-les dans une casserole avec un morceau de beurre, du sel, du poivre et un peu de muscade râpée; passez-les sur le feu, et mettez-y une cuillerée à bouche de farine; mouillez avec de la crème et du lait, ajoutez un peu de sucre, et servez avec des croûtons frits.

Épinards au velouté.

Les épinards étant blanchis et hachés, mettez-les dans une casserole avec un morceau de beurre, sel et gros poivre; quand ils sont revenus, versez dessus du consommé et du velouté en égale proportion; faites réduire, et servez comme ci-dessus.

On peut aussi les mouiller avec du jus ou du bouillon.

Fèves de marais au blanc.

Vos fèves étant préparées comme nous venons de le dire à l'article ci-dessus, mettez-les dans une casserole avec un morceau de beurre, un bouquet de persil et ciboules, un peu de sarriette hachée, sel et poivre; faites bien revenir, puis ajoutez une pincée de farine et un morceau de sucre; mouillez avec du bouillon; quand vos fèves sont cuites, mettez une liaison de jaunes d'œufs, et servez.

Fèves de marais au roux.

La préparation et l'accommodement sont les mêmes que ceux prescrits à l'article précédent; seulement, au lieu de mouiller avec du bouillon, mettez-y du jus ou un peu de sauce espagnole.

Haricots blancs nouveaux.

Après avoir lavé des haricots blancs, mettez-les dans l'eau bouillante avec du sel, et gros comme une noix de beurre; lorsqu'ils sont cuits, mettez-les égoutter dans une passoire; faites ensuite tiédir dans une casserole un morceau de beurre; metez-y vos haricots; sautez-les avec un peu de velouté, sel, poivre et muscade râpée; faites une liaison de jaunes d'œufs; dressez vos haricots sur le plat, et servez.

Haricots blancs nouveaux à la maître-d'hôtel.

Vos haricots étant cuits comme il est dit à l'article ci-dessus, et bien égouttés, mettez-les dans une casserole avec un morceau de beurre, persil et ciboules hachés, sel et gros poivre; sautez-les, finissez-les comme les haricots verts, et servez-les avec du jus de citron, un filet de vinaigre ou du verjus.

Les haricots blancs secs se préparent de la même manière; mais avant de les faire cuire à l'eau bouillante, il faut les tremper quelque temps dans l'eau froide.

Haricots blancs au roux.

Faites un roux léger; passez-y des ognons coupés par tranches, mouillez avec l'eau dans laquelle vous avez fait cuire vos haricots, ou avec du bouillon; ajoutez un bouquet de persil, ciboule, sel et poivre; faites bien cuire vos ognons, puis sautez vos haricots dedans, et dressez-les sur le plat.

Haricots au jus.

Faites un roux comme à l'article précédent; mouillez avec du jus, ou avec un fond de cuisson de viande ou de volaille rôtie; assaisonnez de sel, poivre et muscade râpée; sautez vos haricots dans la sauce, et servez. (Les haricots de Soissons sont les plus recherchés.)

Haricots rouges au vin.

Après avoir fait cuire ces haricots comme les précédens, faites roussir quelques ognons dans du beurre; mettez ensuite vos haricots, et mouillez avec du vin; ajoutez sel et poivre; délayez tout, et servez.

Haricots verts à l'anglaise.

Faites tiédir dans une casserole du beurre que vous aurez manié avec des fines herbes, du sel et du poivre; ajoutez-y vos haricots verts blanchis à l'eau bouillante; sautez-les au moment de servir; mêlez-y un peu de beurre manié de farine, et le jus d'un citron, puis servez.

Haricots verts liés.

Foncez une casserole avec un morceau de beurre et des fines herbes hachées très-fin; faites revenir, puis ajoutez un peu de beurre manié de farine; mouillez avec un verre de bouillon, ajoutez sel et poivre; dès que votre sauce sera en ébullition, mettez vos haricots verts blanchis à l'eau de sel et égouttés; sau-

tez-les; dressez-les sur le plat avec une liaison
de jaunes d'œufs et un jus de citron, puis
servez.

Haricots verts à la maître-d'hôtel.

Après avoir fait cuire aux trois quarts et
égoutté vos haricots comme nous l'avons dit
à l'article précédent, sautez-les dans une casserole avec un morceau de beurre manié de
fines herbes, sel et poivre, et servez avec un
jus de citron.

Haricots verts en salade.

Vos haricots verts étant cuits à l'eau de sel
et bien égouttés, dressez-les sur le plat que
vous devez servir, ajoutez-y avec symétrie des
filets d'anchois, des cornichons, des petits
ognons, des tranches de betteraves; placez
dans les intervalles du persil et des échalotes
hachés, et servez avec un huilier.

Laitues farcies.

Ayez de belles laitues pommées, dont vous
ôtez les grosses feuilles; faites-les blanchir à
l'eau bouillante et rafraîchir à l'eau froide;
égouttez-les en les pressant avec les mains;
écartez les feuilles sans les séparer, mettez de
la farce dans le milieu, et autant qu'il en
pourra tenir; rapprochez et ficelez les feuilles; faites cuire à la braise dans une casserole
avec des bardes de lard, carottes et ognons
émincés, un bouquet garni, poivre et muscade
râpée; mouillez avec du bouillon; quand vos
laitues sont cuites, passez le fond de cuisson
au tamis; ajoutez-y un verre de vin blanc;

faites réduire; mettez pour liaison un morceau de beurre manié de farine , et servez.

Lentilles fricassées.

Passez dans un roux léger de l'ognon coupé en dés ; mouillez avec de l'eau ou du bouillon; mettez-y vos lentilles avec un peu de fines herbes , sel et poivre ; sautez-les , et servez.

Lentilles à la maître-d'hôtel.

Mettez dans une casserole vos lentilles cuites à l'eau de sel , et égouttées , avec un morceau de beurre , du persil et des eiboules hachés , sel et poivre ; sautez-les , et servez.

Des melons.

Ils se servent pour hors-d'œuvre , au commencement d'un repas. Pour être bons, quand vous les portez au nez , ils doivent sentir comme un goût de goudron , et avoir la queue courte et grosse. Quand vous les pressez sous la main , il faut qu'ils soient fermes, et ni trop verts, ni trop mûrs.

Des morilles et mousserons.

On les arrange de toutes les manières prescrites pour les champignons. *(Voir plus haut.)*

Navets au roux.

Après avoir blanchi vos navets , faites un roux avec du beurre, de la farine et un peu de sucre ; passez-y vos navets , et quand ils ont pris une belle couleur, mouillez avec du bouillon ; faites réduire. puis dressez sur le plat , et servez

Navets à la sauce blanche.

Vos navets étant coupés par tranches ou par bouchons, faites-les cuire à l'eau avec un peu de sel et de beurre ; mettez-les ensuite dans une sauce blanche, et servez.

Ognons en matelote.

Passez vos ognons dans un roux fait avec du beurre, un peu de farine et de sucre ; quand ils ont une belle couleur, mouillez-les avec du bouillon et du vin blanc, ou avec du jus, ou avec quelque fond de cuisson analogue ; assaisonnez de sel, poivre, muscade râpée, du sel selon le besoin ; après leur cuisson retirez vos ognons et tenez-les chaudement ; faites réduire la sauce ; ajoutez-y un peu de beurre, versez-le sur vos ognons, et servez.

En épluchant vos ognons, attaquez le moins possible le côté de la tête et celui de la queue, afin que, pendant leur cuisson, ils se conservent entiers.

De l'oseille

L'oseille se sert rarement seule pour entremets ; avec elle on joint une certaine quantité de poirée, de laitue et de cerfeuil ; on hache grossièrement le tout ensemble.

Petits pois à l'anglaise.

Mettez vos petits pois dans l'eau bouillante avec un peu de sel ; faites-les cuire à grand feu, afin qu'ils se conservent verts ; après leur cuisson, faites-les égoutter dans une passoire ; étant bien égouttés, mettez sur le plat que vous devez servir un morceau de beurre manié de persil haché menu, et du sel ; renversez vos petits pois dessus, et servez.

Petits pois au lard.

Après avoir fait un roux léger, coupez du lard par tranches, et faites-le revenir dans le beurre ; mettez ensuite vos petits pois avec un bouquet de persil et des ciboules, sel et poivre ; mouillez avec du bouillon, et après avoir fait cuire à petit feu, dressez sur le plat, et servez.

Petits pois au naturel.

Mettez vos petits pois dans une casserole avec de l'eau et du beurre ; maniez-les, puis égouttez-en l'eau ; mettez-les ensuite sur le feu, avec ciboules, persil en feuilles, et sel ; sautez-les ainsi jusqu'à ce qu'ils ne rendent plus de mouillement ; gardez qu'ils ne s'attachent à la casserole ; mouillez à l'eau bouillante et très-peu si vos petits pois sont dans leur primeur ; achevez leur cuisson à petit feu. Quand ils sont cuits et réduits, ajoutez-y du beurre manié avec de la farine, et remuez fortement ; saupoudrez-les de sucre fin, dressez-les sur le plat, et servez, après les avoir sautés de nouveau.

Des pois secs.

Les pois secs ne se servent ordinairement qu'en purée. (Voyez cet article au chapitre des *Potages à la purée*.)

Des pommes de terre et de leur cuisson.

Les pommes de terre les plus hâtives vien-

nent en été ; choisissez celles dites vitelotes et
les petites jaunes ; en automne et en hiver,
prenez des rouges longues ou des violettes.
La meilleure manière de les cuire est de les
exposer à la vapeur de l'eau bouillante, sépa-
rées de cette eau par une petite claie d'osier,
et sous un couvercle de casserole sur lequel
est étendu un torchon plié en plusieurs dou-
bles. Autrement, après les avoir fait cuire
étant seulement baignées dans l'eau de sel,
on retire l'eau de la casserole, on recouvre les
pommes de terre avec un torchon plié et le
couvercle, et on les laisse ressuyer une demi-
heure sur un feu doux. Cuites sous la cendre,
les pommes de terre sont encore plus fari-
neuses.

Pommes de terre à l'anglaise.

Vos pommes de terre étant cuites à l'eau et
épluchées, coupez-les par tranches ; trempez
ces tranches dans du beurre que vous aurez
fait fondre ; saupoudrez-les de sel, poivre et
muscade râpée ; puis, après les avoir fait sauter dans le beurre, dressez-les sur le plat, et
servez.

Pommes de terre à la lyonnaise.

Vos pommes de terre étant cuites à l'eau
ou à la vapeur, coupez-les par tranches, et
sautez-les dans une casserole avec une purée
d'ognons. (*Voir cet article.*) Autrement,
faites revenir dans du beurre des ognons coupés en dés ; saupoudrez de farine, sel et poivre ; mouillez avec du bouillon ou avec de
l'eau, ajoutez un filet de vinaigre ; faites mi-

joter ces ingrédiens que vous versez sur vos pommes de terre, et servez.

Pommes de terre à la maître-d'hôtel.

Après avoir cuit des pommes de terre comme nous venons de le dire ci-dessus et les avoir épluchées, coupez-les en tranches minces; mettez-les dans une casserole avec un morceau de beurre, du persil et de la ciboule hachés, sel et poivre; sautez-les; ajoutez un peu de bouillon pour lier le beurre, puis servez avec un jus de citron.

Pommes de terre frites.

Que vos pommes de terre soient cuites ou crues, coupez-les par tranches, et mettez-les dans la friture très-chaude; servez en les saupoudrant de sel; sinon, étant ainsi frites, retirez-les pour les faire égoutter dans une passoire; ensuite faites tiédir dans une casserole un morceau de beurre avec persil et ciboules hachés, sel et poivre; sautez-y vos pommes de terre, et servez.

Pommes de terre sautées au beurre

Coupez en tranches des pommes de terre crues que vous aurez pelées et fait ressuyer dans un linge avec du beurre; mettez-les dans une casserole ou poêle et sur un feu ardent, sautez-les en les retournant; quand elles ont une belle couleur, égouttez-les, dressez-les sur le plat en forme de pyramide; saupoudrez-les de sel fin, et servez

Du potiron.

Le potiron s'emploie ordinairement pour faire des potages, et s'arrange aussi à la crème, comme le concombre.

Salsifis frits.

Vos salsifis étant cuits et égouttés, faites-les mariner avec un peu de vinaigre, sel et poivre, et quelques branches de persil; trempez-les dans une pâte à frire; plongez-les dans la friture bien chaude, et quand ils ont une belle couleur, dressez-les sur le plat, et servez avec une garniture de persil frit.

Au lieu de les faire mariner, vous pouvez les sauter dans une sauce blanche un peu relevée, les tremper dans la pâte à frire, et finir comme ci-dessu

Salsifis à la sauce blanche.

Ratissez vos salsifis, de sorte qu'il n'y reste aucune tache; coupez-les de la longueur de cinq à six pouces, et jetez-les à mesure dans de l'eau où vous aurez mis un peu de vinaigre; étant ainsi préparés, faites-les cuire à grande eau avec du sel et quelques cuillerées de vinaigre ou de verjus; ajoutez-y, si vous voulez, un peu de beurre; après leur cuisson, faites-les égoutter, dressez-les sur le plat, et masquez-les avec une sauce blanche ou avec une espagnole bien finie.

Tomates farcies.

Enlevez la pédicule ou la queue de vos tomates, ainsi que la partie supérieure; extrayez-en toutes les graines avec une cuiller à café; exprimez par une légère pression l'eau qu'elles renferment; remplissez-les d'une farce composée avec du persil, des échalotes, des œufs cuits durs, des câpres, des cornichons, le tout haché très-menu, des anchois coupés par morceaux, du sel et de l'huile; vos tomates étant ainsi remplies, couvrez-les de chapelure, et mettez-les sous le four de campagne; évitez qu'elles ne soient trop cuites; quand elles le sont à point, dressez-les sur le plat, et servez.

On peut aussi, dans la farce ci-dessus indiquée, mêler un peu de purée d'autres tomates.

Truffes au vin de Champagne.

Faites une marinade cuite que vous mouillez avec du vin blanc de Champagne et un fond de cuisson quelconque. Etant cuite et de bon goût, passez-la au tamis, et faites cuire vos truffes dedans : une demi-heure suffit. Vous les égouttez et les essuyez bien après les avoir retirées, et les servez dans une serviette.

Truffes sautées.

Vos truffes étant nettoyées et coupées par tranches épaisses et arrondies, mettez-les dans un sautoir avec un morceau de beurre, sel et poivre ; placez-les sur un feu ardent, quand elles sont cuites, ce qui ne tarde guère, égouttez-les, puis mettez-les dans une casse-role avec une espagnole travaillée ; faites chauffer sans bouillir, et servez.

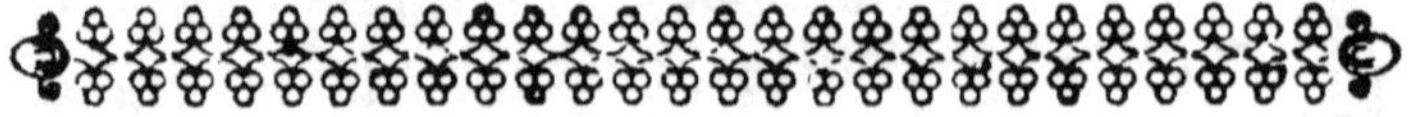

CHAPITRE X.

DES OEUFS.

—

Des œufs.

Les œufs, quand ils sont frais, sont bons et salubres, mais lorsqu'ils ne le sont pas, ils ont un mauvais goût et nuisent à la santé. Assurez-vous donc de cette fraîcheur en les présentant à la lumière; ils doivent être clairs et transparens ; s'ils sont piqués ou s'ils ont une tache à la coquille, rejetez-les.

Omelette au naturel.

Après avoir cassé plusieurs œufs dans une casserole, ajoutez-y du sel fin, et, si vous le jugez à propos, du persil et de la ciboule hachés menu; battez bien le tout ensemble, en y mêlant un peu d'eau; faites ensuite fondre un morceau de beurre dans la poêle, et mettez-y les œufs; faites cuire votre omelette; quand elle est d'une belle couleur en dessous, renversez-la sur le plat en la roulant, et servez.

On peut aussi servir l'omelette sur un plat d'oseille ou de chicorée.

Omelette au lard.

Otez la couenne et le dessus du lard, coupez-le par petits morceaux, passez-le dans la poêle avec .un peu de beurre ; quand le lard est cuit, mettez les œufs, et finissez l'omelette comme ci-dessus ; quand elle est finie et de belle couleur, servez.

On peut la masquer d'une espagnole.

OEufs à la coque.

Mettez vos œufs dans une casserole à l'eau bouillante, et continuez à faire bouillir pendant deux ou trois minutes ; ils seront en lait ; alors, retirez-les et les servez dans une serviette. Autrement, quand l'eau bout, mettez vos œufs dedans, et retirez la casserole du feu ; les œufs seront cuits au bout de quatre à cinq minutes. Si au lieu d'être en lait les œufs sont cuits mollets, dépouillez-les de leur coque, et servez-les comme les œufs pochés.

OEufs sur le plat ou au miroir.

Etendez du beurre sur un plat et le saupoudrez de sel ; cassez les œufs dessus, avec précaution de ne point écraser les jaunes ; assaisonnez-les de sel, poivre et muscade râpée ; arrosez-les d'un peu de beurre que vous aurez fait fondre, et d'une ou deux cuillerées de crème ; posez votre plat sur un feu très-doux ; achevez de cuire vos œufs en présentant dessus une pelle rougie, et servez.

OEufs brouillés.

Faites fondre du beurre dans une casserole, cassez vos œufs dedans ; assaisonnez de sel, poivre et muscade râpée; remuez-les sans cesse avec quelques brins d'osier en faisceau ; ajoutez un peu de crème pour les rendre plus moelleux. Evitez qu'ils cuisent trop; étant cuits à point, dressez-les sur le plat avec une garniture de croûtons frits et un jus de citron.

OEufs brouillés aux pointes d'asperges.

Préparez vos œufs comme nous venons de le dire à l'article précédent, en y ajoutant une poignée de pointes d'asperges ; finissez et servez de même. On peut aussi les faire avec des concombres cuits et coupés en dés , ou avec des choux-fleurs.

OEufs brouillés au jus.

Au lieu de crème, ajoutez avec vos œufs quelques cuillerées de fond de cuisson ou de jus de rôti.

OEufs à la crème.

Faites fondre du beurre dans une casserole; ajoutez-y du persil haché, du sel et du poivre ; mouillez avec un verre de crème dans laquelle vous aurez délayé une cuillerée de farine; quand la sauce est à point, coupez des œufs durs par tranches et mettez-les dedans; ne les faites pas bouillir, car ils s'écraseraient; étant très chauds, dressez-les sur le plat avec une garniture de croûtons, et servez.

Salade d'œufs.

Coupez des œufs durs en quartiers, et arrangez-les sur le plat ; garnissez-les d'un cordon de laitue; assaisonnez d'huile, de vinaigre, sel et poivre; ajoutez quelques filets d'anchois et des cornichons; décorez avec de la gelée, et servez.

OEufs au beurre noir.

Mettez dans une poêle un morceau de beurre que vous faites fondre sur le feu ; quand il ne crie plus, vous avez vos œufs cassés dans un plat; vous les assaisonnez de sel, poivre et muscade râpée, en les mettant dans la poêle; faites-les cuire, passez une pelle rouge par-dessus pour faire cuire le jaune, et servez avec un filet de vinaigre dessus.

OEufs au lait.

Faites bouillir dans une casserole du lait avec du sucre, écumez-le; d'autre part, battez bien ensemble des jaunes et des blancs d'œufs (moitié moins de blancs que de jaunes), avec une ou deux cuillerées d'eau de fleur-d'oranger; mettez-les dans le plat creux que vous devez servir. Quand votre lait aura bouilli un instant, laissez-le un peu refroidir et le versez sur vos œufs, en remuant conti-nuellement; mettez votre plat au bain-marie, et couvrez-le avec un couvercle sur lequel vous entretenez des charbons ardens ; quand vos œufs sont pris, retirez le plat; laissez refroi-dir les œufs, saupoudrez-les de sucre râpé glacez avec la pelle rougie, et servez.

On peut mettre dans le lait de la canelle, du laurier-amande ou de la vanille. Ayez soin de retirer ces aromates avant de verser le lait sur les œufs.

OEufs à la tripe.

Passez des ognons dans le beurre, après les

avoir coupés par tranches ; ne les faites pas
roussir ; quand ils sont fondus, ajoutez-y une
cuillerée de farine ; mouillez avec de la crème
ou du lait ; assaisonnez de sel, poivre et muscade rapée ; quand les ognons sont cuits et que
le tout est un peu réduit, mettez-y des œufs
cuits durs coupés par tranches ; sautez-les
sans les faire bouillir.

On peut aussi faire un roux et mouiller avec
du bouillon.

Omelette aux confitures.

Faites une omelette à la manière accoutu-
mée, et que vous assaisonnez de sucre en poudre ; après sa cuisson, couvrez-la d'une couche de confitures, renversez-la sur le plat,
en la repliant en chausson, saupoudrez-la de
sucre râpé, glacez avec la pelle rougie, et
servez.

On peut multiplier ce genre d'omelettes par
les différentes confitures, purées, marmela-
des, crèmes, etc.

Omelette au sucre.

Battez à part les blancs d'œufs, et ensuite
les blancs et les jaunes ensemble, puis faite
votre omelette comme à l'ordinaire. Quand
elle est presque cuite, saupoudrez-la de sucre
râpé, et terminez-la. Renversez-la en chausson sur le plat ; sucrez-la de nouveau ; glacez
avec la pelle rougie, et servez.

OEufs pochés.

Ayez des œufs aussi frais que possible ; cas-
sez-les avec précaution dans de l'eau bouillante

à laquelle vous aurez ajouté du sel et du vinaigre; n'en mettez que deux ou trois à la fois; lorsqu'ils commencent à prendre, aidez-les à s'envelopper au moyen de l'écumoire, avec laquelle vous rapprochez le blanc du jaune. Ne les laissez pas trop cuire; retirez-les. Parez-les en coupant les portions de blanc qui débordent; mettez sur chacun un peu de gros poivre, et servez sur du jus, de la chicorée, de la purée d'oseille, sur une farce, sur des hachis, avec une sauce tomate, etc.

CHAPITRE XI.

DES ENTREMETS DE FRUITS.

—

Pommes au beurre.

Après avoir épluché des pommes, coupez-les par quartiers, et en supprimez les pépins; sautez-les dans une casserole avec un morceau de beurre et de sucre en poudre. Ajoutez de la marmelade d'autres pommes que vous aurez préparées comme il est dit plus bas, et dans laquelle vous aurez mélangé de la marmelade d'abricots. Laissez mijoter le tout ensemble pendant une heure; saupoudrez de sucre râpé, et servez.

Pommes au riz.

Après avoir préparé quelques pommes comme à l'article précédent, faites-les cuire dans un sirop alongé, aiguisé d'un jus de citron; foncez ensuite un plat avec une marmelade d'autres pommes ou d'abricots; arrangez-y vos pommes, versez par-dessus du riz que vous aurez fait crever avec de la crème et du sucre, puis servez avec une garniture de verjus ou de cerises.

24..

Pommes meringuées.

Foncez un plat avec de la marmelade de pommes, (*voir plus bas cet article*) et disposez-les en rocher; battez ensuite des blancs d'œufs avec du sucre en poudre et du zeste de citron râpé; enduisez-en votre marmelade pour la faire mettre au four; quand elle est bien colorée, saupoudrez-la de sucre grossièrement pulvérisé, et servez.

Beignets de pommes.

Avec le vide-pommes, enlevez le cœur de plusieurs pommes que vous pilez et coupez en rouelles de grosseur égale. Mettez dans une terrine un peu d'eau-de-vie et de sucre en poudre, laissez-y les morceaux pendant une heure, ensuite égouttez-les; mettez-les dans la pâte et faites-les frire, de manière qu'ils soient croquans; égouttez-les sur une serviette; saupoudrez-les de sucre râpé; après les avoir dressés sur le plat, glacez-les au four de campagne ou avec une pelle rougie au feu, et servez.

Gateau de pommes.

Après avoir épluché et évidé des pommes, faites-les cuire avec un peu de canelle et de zeste de citron. Après leur cuisson, passez-les au tamis pour les mettre dans une casserole avec un morceau de beurre, du sucre et une pincée de fécule de pommes de terre; quand les pommes sont desséchées et mises à refroidir, incrustez-y des œufs entiers. D'autre part, beurrez bien un moule; panez avec une mie de pain d'abord, puis en second lieu à l'œuf; arrosez avec du beurre tiède ; mettez le moule sur des cendres chaudes et couvrez avec le four de campagne. Lorsque la mie de pain est bien colorée, remplissez votre moule avec la marmelade de pommes ; remettez-le sous un four de campagne. Au bout d'une demi·heure d'exposition sur un feu doux, renversez sur le plat, et servez.

Gateau de pommes au riz.

Après avoir lavé et fait crever du riz dans du lait, ajoutez-y un morceau de beurre; mettez-le ensuite dans un vase pour refroidir. Cassez des œufs, battez-les légèrement et les incorporez avec le riz ; ajoutez du sucre en poudre; mettez le riz ainsi préparé dans une casserole bien beurrée, garnissez-en le fond et les côtés à deux doigts d'épaisseur ; remplissez l'intérieur d'une marmelade de pommes apprêtée comme au précédent article ; posez votre casserole sur un petit feu; mettez un couvercle avec des charbons allumés par-dessus ; lorsque le gâteau sera bien chaud, renversez-le sur le plat, et servez.

Croquettes de pommes.

Ayez de la pâte feuilletée (*Voir au chapitre Pâtisserie*), étendez-les bien minces et découpez-les en petits cercles; sur une moitié de ces cercles, mettez un petit tas de marmelade de pommes ; repliez l'autre moitié par-dessus, et pressez les bords de la pâte avec les doigts ; faites frire ces croquettes, couvrez-les de sucre pulvérisé, et servez.

Chartreuse de pommes.

Vos pommes étant pelées et évidées, coupez-les en lames arrondies; mettez ces lames de pommes dans du sucre clarifié auquel vous aurez joint un jus de citron. Quand elles auront jeté quelques bouillons, retirez-les et les laissez égoutter; faites réduire en marmelade les débris de vos pommes que vous aurez mis dans le sucre clarifié. Après cette préparation, beurrez un moule; disposez-y avec goût, dans le fond et sur les côtés, vos lames de pommes, remplissez l'intérieur avec de la marmelade d'abricots, et couvrez le tout de marmelade de pommes. Votre moule étant plein, placez-le dans un four chaud ou sur des cendres rouges avec un couvercle et du feu dessus. Quand la chartreuse est d'une belle couleur, renversez-la sur le plat, et servez.

Miroton de pommes.

Enlevez à l'aide d'un vide-pommes la pelure et le cœur de vos pommes. Coupez-les par tranches, et faites-les mariner pendant quelques heures dans de l'eau-de-vie avec un peu de canelle et de jus de citron. Après les avoir égouttées, disposez-les sur le plat ; versez autour les débris de vos pommes réduites en marmelade, et au milieu de la marmelade d'abricots; mettez votre plat sous le four de campagne; quand votre miroton est bien coloré, saupoudrez de sucre râpé, et servez.

Employez le même procédé pour accommoder des poires au miroton.

Marmelade de pommes.

Après avoir pelé, évidé et coupé des pommes par petites tranches, mettez-les dans une casserole avec du sucre en suffisante quantité, de la cannelle et du jus de citron; faites cuire sur un feu vif, et recouvrez la casserole; une fois les pommes fondues, faites réduire la marmelade, en la remuant continuellement; après la cuisson, dressez sur le plat, et servez.

Charlotte de pommes.

Vos pommes étant épluchées, évidées et coupés par petites tranches, réduisez-les en marmelade après y avoir ajouté du sucre, de la cannelle pulvérisée, plus le jus et un peu de zeste de citron; après avoir retiré du feu et laissé refroidir cette marmelade réduite à point, coupez de la mie de pain en petits morceaux égaux; imbibez-les dans du beurre que vous aurez fait tiédir, et disposez-les avec goût dans un moule, ainsi que la marmelade de pommes; remplissez le milieu du moule de marmelade d'abricots; recouvrez le tout de morceaux de mie de pain également beurrés; mettez votre charlotte sur les cendres rouges et le four de campagne par-dessus; quand elle a une belle couleur, renversez-la sur le plat, et servez.

Beignets de pêches.

Après avoir enlevé la pelure de vos pêches, coupez-les en tranches minces en supprimant les noyaux; faites-les mariner avec du vin de

Frontignan et du sucre; suivez ensuite le même procédé que pour les beignets de pommes. (*Voir cet article.*)

Charlotte de pêches.

Après avoir épluché vos pêches comme il est dit à l'article précédent, faites-les fondre dans une casserole avec du sucre en quantité suffisante; quand elles sont bien fondues, retirez de la casserole une grande cuillerée du jus que les pêches auront rendu, pour le faire un peu refroidir et y délayer une cuillerée ou deux de fécule de pommes de terre; faites ensuite jeter quelques bouillons, et quand la marmelade sera bien liée, versez-la dans un vase; laissez-la refroidir, et terminez la charlotte comme pour les pommes. (*Voir cet article.*)

On peut épaissir la marmelade avec des biscuits secs réduits en poudre.

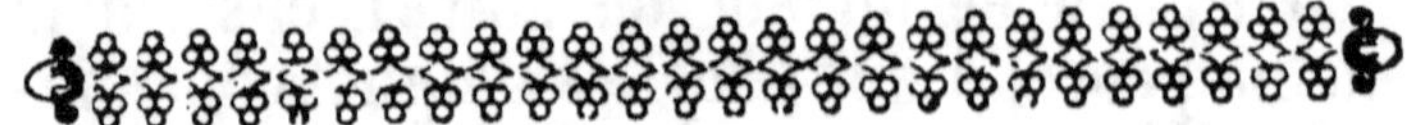

CHAPITRE XII.

DU LAITAGE.

—

CRÈMES, SOUFFLÉS ET GATEAUX.

—

Fromage à la crème.

Mêlez dans une pinte de lait frais, un verre de crème levée de la veille ; ajoutez-y une demi-cuillerée de présure de caillette de veau ; placez le vase qui contient votre lait dans un endroit un peu chaud ; quand il sera pris, remplissez de lait caillé une petite claie d'osier, et laissez égoutter pendant quelques heures ; quand votre lait est bien égoutté, renversez-le sur un compotier rempli au tiers de bonne crème, et servez.

Crême au naturel.

Mettez dans un compotier de la crême, belle, fraîche et de bon goût, et de la glace par-dessous ; saupoudrez-la de sucre fin, et servez.

Crème fouettée.

Mettez dans une terrine une demi-pinte de crème fraîchement levée, ou une pinte de bon lait à moitié réduit; ajoutez-y un quarteron de sucre et une pincée de gomme arabique en poudre, dissoute dans l'eau de fleur d'oranger; fouettez avec une petite verge d'osier jusqu'à ce que votre crème soit en neige; dressez-la ensuite en pyramide sur le plat, au moyen d'une écumoire, et servez avec une garniture de filets d'écorce de citron. Cette crème bien fouettée se modifie de plusieurs manières, sous le rapport du goût et de la couleur. Ainsi :

Crème fouettée à la vanille.

Avant de fouetter votre crème, faites bouillir un moment le tiers d'une gousse de vanille avec un peu de crème ou de lait, et passez-la au tamis sur votre crème.

Crème fouettée au café.

Faites une infusion de café dans une cafetière à la Dubelloi, et ajoutez-en une cuillerée à votre crème.

Autrement, brûlez deux onces de café jusqu'à ce qu'il ait une teinte carmélite claire, jetez-le dans votre crème et laissez-le infuser pendant une heure; alors vous mettez un peu plus de sucre.

Crème fouettée au chocolat.

Pilez dans un mortier un quarteron de chocolat en l'arrosant avec un peu d'eau bouillante; ajoutez-y graduellement votre crème déjà sucrée et dans laquelle vous aurez mis un peu plus de gomme arabique que de coutume; délayez bien le tout, et terminez comme ci-dessus.

Crème fouettée aux liqueurs.

Mettez dans votre crème un quarteron et demi de sucre, augmentez de même la quantité de gomme, ajoutez-y un demi-verre de bonne liqueur, et fouettez.

Toutes les crèmes ci-dessus sont susceptibles d'être diversement colorées en jaune, par exemple, avec une infusion de safran; en rose, avec un peu de carmin délayé dans l'eau gommée, etc.

Crème fouettée cuite.

Après avoir bien mêlé ensemble un demi-litre de crème, quatre jaunes et deux blancs d'œufs, trois onces de sucre en poudre, et une cuillerée de fleur d'oranger pralinée et pulvérisée, fouettez jusqu'à ce que la crème soit en neige; dressez-la sur un compotier et saupoudrez-la de sucre râpé; placez le compotier sur les cendres chaudes, et couvrez avec le four de campagne.

Crème au biscuit.

Faites bouillir une pinte de lait avec une tranche de citron vert, une pincée de coriandre et un peu de cannelle; réduit à plus de moitié et presque froid, délayez votre lait avec une cuillerée à café de farine et six jaunes d'œufs passés au tamis; faites cuire ensuite au bain-marie, et n'achevez la cuisson qu'après avoir couvert votre crème de tranches minces de biscuit.

Crème méringuée.

Délayez dans une casserole six jaunes d'œufs, après avoir mis les blancs à part dans une terrine avec deux cuillerées de farine, une chopine de crème, une idée de sel, de l'eau de fleur d'oranger et du sucre; faites cuire une demi-heure sur le feu, en remuant toujours; ensuite vous la dressez sur le plat qui doit vous servir; vous fouettez les blancs d'œufs. Quand ils sont bien montés en neige, vous y mettez beaucoup de sucre très-fin; couvrez la crème en façon de dôme avec les blancs d'œufs, et jetez du sucre dessus : mettez le plat dans un four doux ou sous un couvercle de tourtière pendant une demi-heure; étant cuite et d'une belle couleur dorée, servez.

Crème à la bonne amie.

Délayez deux cuillerées de farine avec quatre œufs, une chopine de crème, une tablette de chocolat, citron confit, fleur d'oranger pralinée, le tout haché fin et du sucre, faites-la cuire sur le feu pendant une demi-heure, en la tournant toujours : ajoutez-y un peu de crème, si elle devient trop épaisse. Bien cuite, dressez-la sur le plat; jetez dessus du sucre fin, passez la pelle rouge pour la glacer, et servez.

Crème glacée.

Prenez une casserole, où vous mettez une

petite poignée de farine, du citron vert haché très-fin, une pincée de fleur d'oranger pralinée et pilée, un morceau de sucre; délayez le tout avec huit jaunes d'œufs, dont vous mettez les blancs à part dans une terrine, et délayez les jaunes avec une chopine de crème et moitié moins de lait. Faites cuire cette crème sur le feu pendant une demi-heure. Quand elle est épaisse, vous la retirez du feu et fouettez les blancs. Quand ils sont bien montés, vous les mêlez dans la crème; mettez cette crème dans le plat que vous devez servir, et du sucre par-dessus; faites-la cuire dans un four qui ne soit pas trop chaud, ou sous un couvercle de tourtière. Quand elle est bien montée et glacée, servez.

Crème à la moelle.

Prenez huit jaunes d'œufs, que vous délayez avec deux cuillerées de farine, un peu de citron vert haché très-fin, un peu d'eau de fleur d'oranger, trois demi-setiers de crème, un morceau de sucre. Vous prenez ensuite un quarteron de moelle, que vous faites fondre sur le feu; passez-la dans un tamis, et la mettez dans la crème. Faites cuire cette crème sur le feu pendant une demi-heure; retirez-la ensuite pour y mettre les huit blancs d'œufs fouettés que vous aurez mis à part dans une terrine; mêlez-les dans la crème, et la dressez dans le plat; faites-la cuire au four ou sous un couvercle de tourtière, comme la précédente. Quand elle est cuite, vous prenez quelques plumes que vous trem-

pez dans de bon beurre chaud, et que vous
passez légèrement sur la crème ; mettez ensuite de la nompareille, c'est-à-dire, de
petites dragées de toutes couleurs, et servez.

CHAPITRE XIII.

DES GELÉES.

—

Gelée de viande.

Coupez en gros dés deux livres de tranches de bœuf maigre et un jarret de bœuf; mettez-les dans une marmite avec une vieille poule coupée par quartiers; mouillez avec deux ou trois pintes d'eau ; faites bouillir et écumez avec soin; ajoutez deux carottes, deux ognons dont un piqué de deux clous de girofle, un pied de céleri et du sel; faites bouillir pendant au moins quatre heures à un feu modéré; au bout de ce temps, passez votre bouillon au tamis et laissez-le refroidir ; mêlez-y ensuite deux blancs d'œufs battus, et mettez-le sur le feu dans une casserole : écumez encore et faites réduire; lorsque votre gelée aura pris de la consistance en se refroidissant, et que vous en aurez jeté des gouttes sur une assiette, retirez-la du feu, passez-la à l'étamine et laissez-la refroidir ; on peut l'aromatiser avec une essence de gibier, un jus de citron, etc. Cette gelée est excellente pour lier les sauces ou mouiller les braises.

25..

Gelées d'entremets.

Toutes ces gelées se préparent avec la colle de poisson ; à son défaut on peut se servir de la gelée suivante : après avoir échaudé trois pieds de veau, fendez-les en deux et faites-les dégorger dans l'eau ; essuyez-les et frottez-les de jus de citron pour les faire bouillir dans une marmite avec deux pintes d'eau et le jus de deux citrons ; après avoir écumé, faites cuire à petit feu pendant trois heures ; passez la gelée au tamis ; clarifiez-la comme ci-dessus ; faites réduire jusqu'à ce que la gelée ait assez de consistance ; passez-la ensuite plusieurs fois à l'étamine jusqu'à ce qu'elle soit limpide, et laissez-la refroidir.

Gelée d'orange.

Exprimez le jus de six oranges et de deux citrons ; mettez ce jus sur le feu avec deux onces de sirop de sucre et le zeste de deux oranges ; faites jeter quelques bouillons, puis passez au tamis de soie ; ajoutez à cette gelée vingt-quatre onces de colle de poisson ou de gelée de pieds de veau ; quand elle sera bien en fusion, mêlez bien, et après l'avoir quelques instans laissée sur le feu, versez-la dans de petits pots et faites refroidir ; vous pouvez colorer cette gelée avec une infusion de safran dans laquelle vous mêlez un peu de carmin.

Gelée d'orange renversée.

Après avoir préparé comme ci-dessus de la gelée d'orange, mettez-la prendre dans un moule de fer-blanc, et ensuite renversez-la sur un plat de porcelaine en frottant le moule avec un linge bien chaud ; il faut alors y ajouter un peu plus de colle de poisson, mais pas trop, sinon elle serait trop épaisse. Toutes les gelées aux fruits, aux liqueurs, aux fleurs, que l'on nomme *renversées*, se confectionnent avec les mêmes procédés.

Gelée à la vanille.

Faites fondre dans un peu d'eau une once de sucre de vanille avec douze onces de sirop de sucre ; mettez dans une casserole sur le feu vingt-quatre onces de gelée de colle de poisson ou de pieds de veau ; quand elle sera bien fondue sans être chaude, ajoutez-y votre sucre à la vanille, mêlez bien, et après l'avoir laissé pendant quelques heures sur le feu, versez dans de petits pots et laissez refroidir ; si vous ajoutez un peu de carmin au sirop de sucre, votre gelée sera colorée en rose.

Gelée de fleur d'oranger.

Mélangez bien quatorze onces de sirop de sucre avec deux onces d'eau double de fleur d'oranger ; ajoutez-y vingt-quatre onces de très-forte gelée de colle de poisson ou de pieds de veau, et terminez comme ci-dessus en ajoutant du jus de citron.

Gelée de citron.

Exprimez le jus de six citrons et les zestes de deux, et finissez cette gelée comme celle d'orange ; pour la colorer, n'y mettez que peu d'infusion de safran.

Gelée de groseilles.

Egrenez dans une poêle où vous avez mis une verrée d'eau, des groseilles rouges et environ un quart de blanches, mettez sur le feu et faites jeter quelques bouillons; passez au tamis de crin et laissez reposer quelques instans; ajoutez à ce jus tiré à clair du sirop de sucre ou du sucre clarifié; votre gelée sera bien cuite lorsqu'en en laissant tomber quelques gouttes sur une assiette, ces gouttes ne s'écarteront pas; retirez-la du feu pour la mettre dans de petits pots; si aux groseilles vous ajoutez des framboises, mettez un cinquième de ces dernières pour en obtenir le jus avec celui des groseilles.

Gelée de fraises.

Epluchez et écrasez des fraises, mettez-les dans de l'eau bouillante, passez le jus au clair pour y ajouter du sucre clarifié et de la colle de poisson, puis finir comme il est dit à la gelée d'orange.

Gelée d'ananas.

Après avoir épluché et coupé en petits dés deux ou trois ananas, faites-les infuser, pendant une heure, dans de l'eau bouillante; passez au tamis; mêlez-y du sucre et de la colle de poisson, et terminez comme ci-dessus, en ajoutant du jus de citron.

Gelée d'épine-vinette.

Egrenez dans un poêlon une livre d'épine-vinette, versez-y un peu d'eau, et faites jeter un ou deux bouillons; écrasez les grains de l'épine-vinette, et en exprimez le jus pour y mêler une once de colle de poisson et une demi-livre de sirop de sucre; terminez comme il est dit plus haut.

Gelée rubanée.

Délayez plusieurs jaunes d'œufs avec du sucre et un peu de sel dans de la crème qui aura bouilli; passez le tout à l'étamine, et y ajoutez de la colle de poisson; séparez votre préparation en plusieurs portions pour varier chacune d'elles, soit avec une infusion de chocolat, soit avec de la fleur d'oranger pralinée, soit avec des macarons écrasés, etc., et terminez comme il est dit ci-dessus pour les gelées renversées.

Gelée d'amandes.

Pilez dans un mortier, en ajoutant un peu d'eau, six onces d'amandes douces et une douzaine d'amandes; mêlez-y ensuite un demi-litre de lait; passez dans une serviette, et pressez bien avec les mains; faites dissoudre dans ce lait d'amandes huit onces de sucre, et mêlez-le avec une livre et demie de gelée forte; servez dans de petits pots, ou remplissez un moule pour le renverser sur une assiette.

Gelée en surprise.

Remplissez de gelée colorée un moule de dix-huit lignes de diamètre sur trois pouces de haut; lorsqu'elle sera prise, renversez-la sur une assiette; enveloppez cette gelée avec un cylindre de deux pouces et demi de diamè-

tre sur trois pouces et demi de haut; remplissez l'intervalle qui se trouve entre le cylindre
et la gelée avec de la gelée d'une couleur dif-
férente; lorsque celle-ci est prise, enlevez le
cylindre en le frottant avec un linge chaud;
répétez la même opération plusieurs fois avec
des cylindres croissant graduellement en hauteur et en diamètre, et terminez par une gelée
blanche pour masquer le tout.

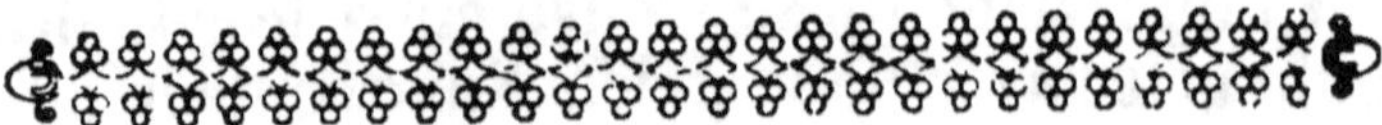

CHAPITRE XIV.

DES HONNEURS DE LA TABLE.

—

C'est un art de savoir bien assortir les mets qui composent un repas : il existe sur cela des usages reçus dont on ne peut s'écarter et dont nous donnerons les détails dans ce volume. Mais il en est un autre plus difficile, que la politesse a inventé, qui donne du prix aux moindres choses, et qui demande une grande habitude du monde; nous allons essayer d'en tracer les règles indispensables.

Il serait inconvenant que la réception des convives se fît dans la salle à manger ; il faut les recevoir dans le salon; et lorsque l'heure convenue sera arrivée, on ne doit pas tarder plus d'un quart-d'heure pour se mettre à table, quand même une partie des personnes invitées manqueraient.

Le maître de la maison doit passer le premier, en donnant la main à une dame, et inviter les messieurs à en faire autant.

Quand la réunion est nombreuse, il est utile de mettre le nom de chaque personne à la place qui lui est destinée; si l'on a négligé cette précaution, c'est le maître de la maison qui place les convives ; il doit assortir autant qu'il peut, l'âge, l'humeur et le rang, et placer près de lui les personnes les plus considérables. La galanterie exige que l'on mette toujours un monsieur à côté d'une dame alternativement. Chaque cavalier doit s'occuper particulièrement de la dame qui est à sa droite.

Le maître de la maison doit être au centre de la table ; c'est lui qui distribue les potages, qui découpe les viandes, et qui charge quelques personnes, dont les talens sont reconnus, de l'assister dans ces fonctions. Il doit avoir l'œil à tout, veiller à ce que personne ne reste dans l'inaction, et demander du vin lorsqu'il s'aperçoit qu'il en manque. Il peut offrir une répétition des mets qui sont le plus du goût des convives, excepté du bœuf ; il attendra qu'on lui en redemande. Il doit donner le signal pour faire enlever les mets et changer d'assiettes.

C'est lui qui doit diriger la conversation et en éloigner tout sujet qui pourrait blesser quelques personnes. Chaque convive doit recevoir de lui quelque marque distinguée de bienveillance et de politesse. C'est aussi le maître de la maison qui doit servir le coup du milieu et les vins d'entremets et de dessert.

Le vin d'ordinaire doit être placé à portée des convives pour qu'ils puissent s'en servir à volonté ; il est d'usage d'en boire un verre pur après le potage ; mais ensuite il faut y mettre de l'eau.

La maîtresse de la maison est chargée des honneurs du dessert ; elle doit prendre garde à ce que le service soit bien exécuté; faire placer les mets dans l'ordre qui leur est assigné, et s'occuper de tout le monde , mais particulièrement des dames.

On peut, selon son goût , servir le café à table ou dans le salon ; c'est le maître ou la maîtresse de la maison qui le verseront dans les tasses ou qui prieront quelqu'un d'en faire les honneurs ; ils doivent demander à chaque convive s'il est dans l'habitude de prendre les liqueurs avant ou après, et laisser le choix libre sur la quantité et le goût.

Des convenances que les convives doivent observer.

Lorsqu'on se met à table , il faut poser sa serviette , pliée en trois, sur ses genoux; il serait contre le bon ton de l'attacher à la boutonnière. Il faut manger la soupe en se servant de sa fourchette, et laisser la cuiller sur son assiette. On doit savoir qu'il est d'usage de boire un doigt de vin après la soupe, le seul dans lequel on soit dispensé de mettre de l'eau, à l'exception des vins d'entremets ou de dessert ; que l'on doit se servir soi-même les vins d'ordinaire, et qu'on ne peut refuser , sous aucun prétexte, le coup du milieu , qui est présenté par le maître de la maison, ainsi que le premier verre de vins fins. Si l'on craignait d'en être incommodé , il faudrait l'esquiver adroitement, sans que personne s'en aperçût.

On ne doit pas couper son pain, il faut le rompre avec les doigts. Lorsqu'on mange des œufs, il faut en briser les coquilles vides; et quelque chaud que soit le café, on doit bien se garder de le verser dans la soucoupe, ce serait pécher contre la bienséance.

On doit se mêler à la conversation sans l'interrompre, et saisir adroitement l'occasion d'adresser quelque compliment au maître de la maison, sur sa bonne cuisine, sa manière d'offrir, etc.; et lorsqu'on veut se retirer, il faut le faire *incognito*; ce serait manquer de savoir vivre que de faire des adieux à la compagnie.

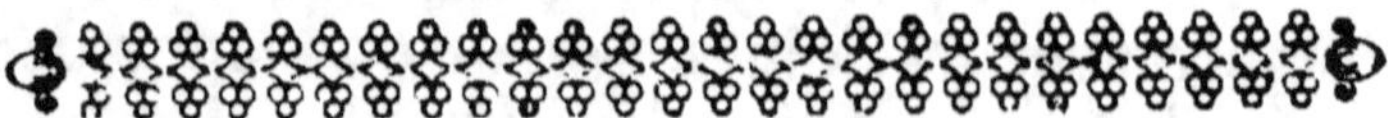

CHAPITRE XV.

—

INSTRUCTION

Pour servir une bonne table ; elle servira aussi pour régler les services ; on augmente ou on diminue suivant les occasions et la dépense que l'on veut faire.

TABLE DE DOUZE COUVERTS A DINER.

PREMIER SERVICE.

1 Potage aux herbes.
1 Potage au riz.
1 Hors - d'œuvre de raves.

1 Hors - d'œuvre de beurre de Vambre.

SECOND SERVICE.

Laissez la pièce de bœuf au milieu, et mettez à la place des deux potages et des deux hors-d'œuvre :

4 Entrées.

1 De noix de veau aux truffes à la bonne femme.
1 De côtelette de mouton au basilic.

1 De canards en hochepot.
1 D'une poularde à la bourgeoise.

TROISIÈME SERVICE.

1 Plat d'un levraut.
1 De deux pigeons de volière.
1 Entremets pour le milieu, d'un pâté d'Amiens.
1 D'une crème glacée.
1 De choux-fleurs.

QUATRIÈME SERVICE. — Dessert.

Pour le milieu, une jatte de fruits crus.

1 Compote de pommes à la portugaise.
1 Compote de poires.
1 Assiette de gauffres.
1 Assiette de marrons.
1 Assiette de gelée de groseilles.
1 Assiette de marmelade d'abricots.

TABLE de quatorze couverts, et qui peut servir pour vingt à dîner.

PREMIER SERVICE.

Pour le milieu, un surtout qui reste pour tout le service.

Aux deux bouts, deux potages.

1 Potage aux choux.
1 Potage aux concombres.

4 Entrées pour les 4 coins du surtout.

1 D'une tourte de pigeons.
1 De deux poulets à la reine et sauce appétissante.
1 D'une poitrine de veau en fricassée de poulets.
1 D'une queue de bœuf en hochepot.

6 Hors-d'œuvres pour les 2 flancs et les 4 coins de la table.

1 De côtelettes de mouton sur le gril.
1 De palais de bœuf en menus droits.

1 De boudin de lapin.
1 De choux-fleurs en pain.

2 Hors-d'œuvres de petits pâtés friands pour les 2 flancs.

SECOND SERVICE.

2 Relevés pour les deux potages.

1 De la pièce de bœuf.

1 D'une longe de veau à la broche.

TROISIÈME SERVICE.

Rôts et entremets à la fois.

3 Plats de Rôts aux 4 coins du surtout

1 D'une poularde.
1 De trois perdreaux.
1 De dix-huit mau-viettes.

1 D'un caneton de Rouen.

2 Salades pour les flancs.

2 Entremets pour les deux bouts.

1 D'un gâteau de viande.

1 D'un pâté froid.

4 Petits entremets pour les quatre coins.

1 De beignets à la crè-me.
1 De petits haricots verts.

1 De truffes au court-bouillon.
1 D'une tourte de gelée de groseilles.

26.

QUATRIÈME SERVICE. — Dessert servi à treize.

Pour les deux bouts de surtout.

2 Grandes jattes de fruits crus.

Pour les deux flancs

2 Jattes de gaufres.

Pour les quatre coins du surtout.

4 Compotes de fruits différens.

Pour les quatre coins de la table.

4 Assiettes de confitures différentes.

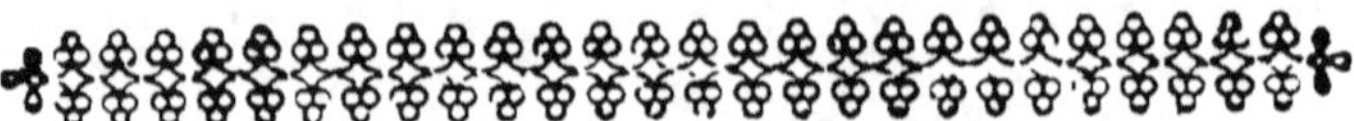

CHAPITRE XVI.

DE LA CAVE ET DES VINS.

—

La cave, pour être bonne, ne doit être ni trop sèche ni trop humide, l'humidité pourrit les cercles ; il faut visiter souvent les tonneaux, et, pour éviter cette humidité, donner plus d'air aux futailles en élevant davantage les chantiers, et entretenir dessous la plus grande propreté.

Une cave trop sèche conserve les tonneaux, mais on perd beaucoup de vin par l'évaporation et les vidanges ; on remédie à cet inconvénient en diminuant le nombre et la grandeur des soupiraux.

Il faut choisir de préférence une cave située au nord, qui ne soit ni trop élevée ni trop profonde, pour que les vins y soient à l'abri de l'influence des saisons. Les grandes chaleurs et les fortes gelées leur sont contraires; le moyen de les en garantir est de fermer les soupiraux dans les temps trop chauds ou trop froids, pour entretenir une température toujours égale, mais plutôt fraîche que chaude. Les courans d'air doivent être évités avec soin; il faut cependant le renouveler quelquefois,

surtout dans les caves profondes et dans celles qui avoisinent les latrines, les égoûts, etc.
Cette situation leur est très-préjudiciable,
ainsi que l'influence des corps susceptibles de
fermentation. Le tremblement produit par le
passage des voitures ou par toute autre se-
cousse remue la lie, et peut faire tourner le
vin à l'aigre, en donnant naissance à la fermentation acéteuse; une voûte forte et bien
construite prévient ces accidens.

Le fond d'une cave doit être uni et battu,
et on doit y entretenir la plus grande pro
preté.

DES VINS.

De leur dégustation.

L'art de bien déguster les vins demande un
tact assez fin pour distinguer et apprécier les
différentes qualités de vin français et étran-
gers. Nous n'offrirons pas ici la nomenclature
des caractères des diverses espèces de vins :
l'habitude de la dégustation est le guide le plus
sûr; d'ailleurs le vin éprouve des variations
suivant son âge, l'époque où on le goûte, et
la manière dont il a été soigné.

Il faut connaître l'état du vin que l'on
veut se procurer en s'assurant de l'âge, du
bouquet, du goût, des variations auxquelles
il est sujet, de sa conservation et de sa
durée.

Il ne faut s'en rapporter au bouquet du vin,
qui en est le parfum, que pour les vins fins,
et encore le perdent-ils souvent en vieillissant;
il en est chez lesquels il se développe plus tôt,

chez d'autres plus tard ; un vin fin , nouveau, qui est sans bouquet, est mélangé. Les vins ordinaires, quelles que soient leurs qualités, n'ont point de bouquet ou en ont peu.

Le bouquet artificiel , que l'on donne aux vins par le moyen de l'arome des fleurs et des fruits odoriférans , tels que l'iris , la violette, les framboises, etc., se perd aisément.

Le vin d'une mauvaise année est presque toujours mélangé avant d'être vendu. Lorsque ce mélange n'est fait qu'avec du vin , il n'est pas dangereux ; souvent même il donne au vin une qualité préférable ; lorsqu'il est bien combiné, et que le vin n'a pas acquis son degré de maturité, le goût en devient plus flatteur.

Un bon vin doit avoir un degré de spiritueux suffisant ; s'il était trop faible, sa couleur serait louche, elle doit être franche. Les vins trop colorés sont lourds et d'un goût fade ; mais ils se conservent ordinairement bien et le temps les rend meilleurs.

Le goût du terroir donne au vin une qualité recommandable ; on distingue celui de pierre à fusil, dans le Châblis et le vin du Rhin;dans les vins de Bordeaux et du Dauphiné le parfum de la violette, etc.

Il y a des vins verts et âpres qui perdent en vieillissant leur verdeur et leur âpreté. On estime en général les vins piquants, parce qu'ils conservent presque toujours leur mordant.

Lorsqu'on reconnaît qu'un vin est falsifié , il faut prendre garde qu'il n'y soit entré de la litharge ; cette drogue est très-dangereuse , son goût est douçâtre; on en fait l'épreuve en versant dans une petite quantité de ce vin du foie de soufre; la litharge tombe au fond et forme un dépôt noirâtre.

Quoique les autres falsifications ne soient pas préjudiciables à la santé , elles diminuent les bonnes qualités du vin et en altèrent la couleur.

Le moyen le plus sûr pour juger de la qualité du vin , est de le goûter étant à jeun.

Le vin de Bourgogne est le plus en usage sur nos tables; on s'en sert comme vin d'ordinaire ; les autres sont employés selon leurs différentes qualités.

Des vins en tonneaux.

Les vins en tonneaux doivent être visités souvent, surtout aux environs des équinoxes; à cette époque la fermentation attaque les cercles et les fait éclater parfois tous ensemble. Lorsque les pièces sont menacées de cet accident , il faut les serrer promptement par un cercle de fer brisé, pour avoir le temps de les soutirer. Si le cas était plus grave , on appellerait un tonnelier.

Lorsque les tonneaux ne sont pas remplis exactement , le vin perd son bouquet et s'altère par l'évaporation du spiritueux; cette altération peut être prévenue ou réparée en soutirant la pièce dans un autre tonneau fortement imprimée de mèches soufrées; il faut bien remplir et boucher la pièce; ensuite on soutire une seconde fois , après l'avoir collé;

mais il ne doit être mis en bouteilles que lorsqu'il aura perdu son mauvais goût. Si ces
moyens ne réussissent pas, il faut le mélanger
avec un vin nouveau et spiritueux, et n'employer qu'un tiers de vin altéré sur deux tiers
de bon vin. On peut encore faire usage de lie
fraîche de vin nouveau, ou de l'esprit de vin
en quantité suffisante pour corriger l'altération.

Collage de vin.

Lorsque du vin est nouvellement entré dans
une cave et qu'il n'a pas encore été collé, il
faut le laisser reposer quelques jours, ensuite
prendre quatre blancs d'œufs, pour une pièce
de vin rouge de deux cent soixante bouteilles,
battre ces blancs, et les verser dans la pièce
par la bonde, après en avoir retiré quatre ou
cinq bouteilles de vin; puis faire entrer dans le
tonneau, sans l'enfoncer tout-à-fait, un bâton
fendu que l'on tournera plusieurs fois très-vi-
vement en décrivant un cercle, puis le retirer;
il faut, avant de remplacer la bonde, la regar-
nir d'un papier ou d'un linge nouveau. Cinq
ou six jours après on peut mettre ce vin en
bouteilles.

Pour coller le vin blanc on emploie de la
colle de poisson; il en faut un litre pour une
pièce de deux cent soixante bouteilles : le procédé est le même que le précédent.

Soins à apporter aux vins en tonneaux.

Les vins sont sujets à fermenter dans les
tonneaux, surtout à l'époque du mouvement
de la vigne; il faut alors se hâter de donner

de l'air aux pièces par le moyen d'un fosset. Cette fermentation peut être favorable aux vins nouveaux, si l'on a soin de les retirer de dessus la lie avant l'équinoxe du printemps; sans cela le vin prendrait un goût acide, et il faudrait le soutirer et le mélanger, en employant le procédé que nous avons décrit plus haut.

La fermentation est contraire au vin vieux; il faut les en préserver autant qu'on peut, en les séparant des vins nouveaux, ou bien en brûlant autour des pièces des mèches soufrées pour purifier l'air. Si ces précautions se trouvaient inutiles, il faudrait les soutirer promptement dans des tonneaux imprégnés de vapeurs de soufre, et les tenir éloignés des autres.

Si le vin contracte un goût de vieux, il faut le mettre promptement en bouteilles.

Lorsque les vins tournent à la graisse, ce qui arrive particulièrement aux vins blancs, l'on s'en aperçoit parce qu'ils filent comme de l'huile; il faut y introduire une certaine quantité de lie fraîche, les laisser reposer, les coller et les soutirer.

Pour remédier à la plupart des accidens qui peuvent arriver aux vins, tel que les goûts de fût, de moisi, etc., il faut les soutirer et faire usage des mèches soufrées, en ayant soin, quand on soufre un tonneau, de ne point laisser tomber la mèche dedans, parce qu'elle donnerait un mauvais goût au vin. Les vins soufrés ne doivent pas être bus seuls · il faut les mélanger avec d'autres.

Des tonneaux vides.

Quand il n'y a plus de vin dans un tonneau,
il faut le faire égoutter, y brûler une mèche,
le boucher exactement et le tenir au sec.

Des vins en bouteilles.

Pour mettre un vin en bouteilles, il faut attendre qu'il soit bien éclairci et ait mûri suffi-
samment en pièces, afin qu'il ne conserve ni
âpreté ni verdeur; les vins blancs doivent avoir
perdu leur goût sucré. L'époque ordinaire est
un an après la récolte pour les vins fins et lé-
gers; les vins colorés peuvent se conserver plus
long-temps en pièces. Lorsque le moment est
venu de mettre un vin en bouteilles, si l'on
tarde trop, il perd de sa qualité.

On doit éviter, pour faire cette opération,
les trois époques de la vigne, les temps trop
chauds, orageux et humides; la gelée est très-
favorable.

Il faut choisir des bouteilles de même di-
mension, bien rincées et égouttées; lorsqu'on
a introduit la cannette dans le goulot, il faut
incliner la bouteille pour éviter que le vin ne
mousse en tombant trop perpendiculairement.
On ne doit l'emplir que jusqu'à deux pouces
du goulot, pour qu'il y ait un intervalle de
quelques lignes entre le vin et le bouchon.
Sans cette précaution les bouteilles casseraient
en les bouchant.

Lorsqu'une bouteille est remplie, il faut
placer le bouchon, taper avec une batte et
secouer la bouteille en penchant le goulot
pour voir s'il ne tombe pas de vin. Si l'on veut

conserver le vin long-temps, il faut gaudron-
ner les bouchons.

Quand toutes les bouteilles sont bouchées,
on les range sur un lit de sable près du mur,
en mettant un rang de lattes sous le goulot;
ensuite on pose deux rangs de lattes sur cette
première rangée, et l'on place la seconde tète-
bèche, et ainsi de suite. Il faut mettre de distance en distance quelques petits morceaux
de lattes pour empêcher que les bouteilles ne
se cassent en roulant.

S'il survenait quelque altération aux vins en
bouteilles, il faudrait les remettre dans le
tonneau et les traiter comme nous avons dit
pour les vins en pièces.

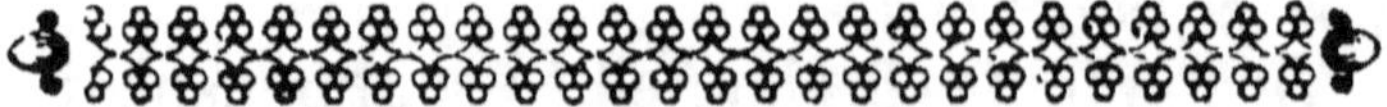

CHAPITRE XVII.

DE LA BASSE-COUR.

—

Des Poules.

Mettez dans une basse-cour, sept poules pour un coq, choisissez-les grosses, proportionnées à leur coq et de même nature. Les poules huppées sont les plus estimées; les grasses sont trop paresseuses; celles qui chantent ne valent rien.

Il faut leur donner la nourriture régulièrement et à la même place, pour les rendre familières.

Elles sont bonnes pour la ponte à l'âge d'un an et demi ou deux ans; plus tard elles deviennent d'excellentes couveuses.

C'est en février qu'il faut commencer les couvées, et surtout dans la pleine lune, pour que les petits éclosent au commencement de la nouvelle. On peut les prolonger jusqu'au mois d'octobre, mais les premières valent mieux.

La poule a une manière de glousser qui indique qu'elle veut couver; il faut alors lui donner une dixaine d'œufs, pas plus, et ne pas la troubler pendant qu'elle couve, car elle les abandonnerait. On doit lui mettre sa nourriture près d'elle, pour que ses œufs n'aient pas le temps de se refroidir lorsqu'elle se dérangera pour la prendre. Choisissez ce moment pour remuer la paille s'il en est besoin, et remettez exactement les œufs dans l'ordre où la poule les a laissés.

Quelques poules mangent leurs œufs; il faut leur faire perdre cette habitude en mettant dans le poulailler quelques morceaux de craie de la même forme; elles y seront trompées, et cela les dégoûtera.

L'intérieur du poulailler doit être vaste; le sol construit avec de la terre battue, et les cloisons faites avec de fortes planches: il faut qu'il soit exposé au soleil levant. On doit semer autour de l'absynthe et de la rue pour en écarter la vermine, et faire une décoction de ces plantes dont on arrosera le sol; la bonne santé de la volaille dépend de ces précautions.

Pour engraisser des poulets, donnez-leur une pâte de farine d'orge; mettez dans leur eau un peu de brique pilée, et tenez-les enfermés dans des loges.

La malpropreté ou le manque d'eau fait naître au bout de la langue de la volaille une petite écaille qui l'empêche de manger, et que l'on nomme *pépie*; il faut l'enlever avec l'ongle, et frotter la place avec un peu de sel.

Des Poulets de Pâques.

Réunissez dans le mois d'octobre une trentaine de paires de pigeons que vous enfermez dans un grenier situé au midi et bien clos. Donnez-leur une nourriture échauffante, telle que le sarrasin , la vesce , et le sel en abondance , cela les engagera à pondre. Otez les œufs qu'ils auront pondus et les remplacez par des œufs de poule. Observez le moment où les petits devront éclore pour les enlever de suite, les poulets ne pouvant pas être nourris par la femelle du pigeon. Mettez couver dans un lieu chaud et renfermé , deux poules d'Inde, dont vous aurez hâté la ponte par une nourriture appropriée , enivrez-les, et pendant qu'elles dormiront, substituez à leurs œufs les poulets nouvellement éclos, mettez-les dans le nid avec précaution et la dinde dessus ; avant qu'elle ne s'éveille, elle les adoptera et les élèvera.

Si vous voulez imiter les poulets de Caux, qui sont très-estimés, séparez les coqs des poulettes sitôt que leur crête commencera à poindre, et leur donnez pour nourriture une pâte faite avec de la farine de sarrasin et du lait, et dans laquelle vous ajouterez du sel. Semez près d'eux des épluchures de riz ou de blé mondé, et ne leur donnez à boire que du lait coupé avec de l'eau.

Des Canards.

Si vous voulez élever des canards, il faut leur préparer un abri près de l'eau, dans lequel ils puissent déposer leurs œufs. Faites croître du persil à l'entour, leur chair en deviendra meilleure. Le temps de la ponte pour

27..

les cannes est en février; il ne faut leur laisser que le nombre d'œufs qu'elles doivent couver, en ayant soin de ne point les ôter de la place où elles les ont mis, elles les couveront sans demander aucun soin ; il faut seulement tenir près d'elles leur nourriture ordinaire et de l'eau.

En hiver, faites couver les œufs de cannes par des poules, les petits en iront moins vite à l'eau, et seront moins exposés à périr.

Les canards sont fort aisés à nourrir : on peut les engraisser en quinze jours, en leur donnant une nourriture abondante, et les tenant enfermés dans un coin du poulailler.

Des Oies.

Les oies, ainsi que les canards, ont besoin d'eau pour barbotter; leur nourriture n'est pas plus dispendieuse. Lorsqu'elles couvent, on leur donne du son et des balayures d'avoine échaudées, et l'on enferme les petits sitôt qu'ils sont éclos pour les nourrir avec du son, du lait caillé, de la farine d'orge, etc. Les oies ne s'accouplent pas; il ne faut qu'une oie mâle pour plusieurs femelles.

On engraisse les oies depuis l'âge d'un mois jusqu'à six, et même plus tard. Pour les avoir belles, il faut les enfermer pendant quinze jours, trois semaines ou un mois, et leur donner de la farine d'orge ou de la drèche moulue, et mêlée avec du lait, des fèves broyées et de l'avoine.

On doit choisir les oies blanches ou grises ;

celles qui sont noires ou mélangées de noir et de blanc ne sont pas estimées.

Des Dindons.

Les dindes pondent en mars et couvent presque toujours en avril. On ne doit ordinairement leur donner que douze œufs. Il faut tenir bien chaudement les petits nouvellement éclos, parce qu'ils sont d'une constitution très-délicate. On les nourrit avec du fromage mou ou du lait caillé, et on ne leur donne à boire que du lait mêlé avec de l'eau. Il faut les faire manger très-souvent; car les mères sont très-négligentes. Quand ils ont pris un peu de force on les laisse à l'air dans un lieu clos, et l'on a soin de les mettre à l'abri le soir pour que la rosée ne les mouille pas ; on doit les rentrer lorsqu'il pleut.

Lorsque les dindons sont parvenus à leur croissance, on les nourrit avec du grain ; ils sont fort gloutons et mangent tout ce qu'ils rencontrent. Si vous voulez les engraisser, faites bouillir de l'orge et de l'avoine, et donnez-leur-en pendant quinze jours; ensuite vous ferez une pâte épaisse avec de la farine d'orge et du lait nouveau, vous formerez la pâte en pains d'égale grosseur et minces par le bout, vous les tremperez dans du lait tiède et en remplirez le jabot du dindon trois fois par jour.

Des Pigeons.

Lorsque vous voudrez monter un colombier,

choisissez vos pigeons en mai ou en août, assortissez les espèces et ne mettez pas plus de mâles que de femelles. Ces animaux demandent beaucoup de soins et de propreté pour les garantir de la vermine. On doit leur mettre de l'eau à différentes places. Leur nourriture est la vesce, l'orge, le sarrazin, les lentilles, les pois, les féverolles, le maïs hâtif, les criblures et quelquefois du chenevis pour les échauffer et les faire pondre. Ils aiment beaucoup le sel; on a coutume de mettre près du colombier un tas d'argile sur lequel on verse toutes les eaux salées que l'on peut avoir. Le sel, mêlé avec la graine de cumin, est un remède efficace contre leurs différentes maladies.

Lorsqu'ils sont attaqués de la gale sur le dos et l'estomac, il faut prendre un quart de sel gris, une livre de graine de cumin, une livre de graine de fenouil, autant de graines d'anet, un peu de farine de blé, un peu d'argile et une once d'assa-fétida, battez bien ce mélange et le mettez cuire au four dans des pots. Lorsqu'il sera froid, placez-en çà et là près du colombier, et sitôt que les pigeons en auront mangé, ils seront guéris.

Des Lapins.

Les soins de propreté et le choix de la nourriture sont les seules précautions à prendre pour les lapins. Des croûtes de pain, quelques aromates, de l'avoine, peu de feuilles de chou, du son, des herbes fraîches et abondantes, rendent leur chair très-délicate. Ils sont très-productifs ; lorsque la femelle est en chaleur, il faut la mettre au mâle pour qu'elle ne tue pas ses petits.

CHAPITRE XVIII.

TRAITÉ SUR LES MELONS.

—

Ils doivent sentir le goudron quand vous les portez au nez, avoir la queue courte et grosse, la chair ferme et non mollasse, si vous les pressez. Les meilleurs sont les cantalous; leur écorce, coupée par dés et piquée de quelque clous de girofle, selon leur grosseur, est excellente. Faites-les mariner dans du bon vinaigre pendant huit jours; prenez ce vinaigre, faites-le cuire avec une livre de sucre pour chaque litre de vinaigre; mettez les morceaux d'écorce dans le vinaigre, laissez cuire jusqu'à ce qu'ils soient transparens, mettez-les dans des pots, et que le jus recouvre le melon:

FIN.

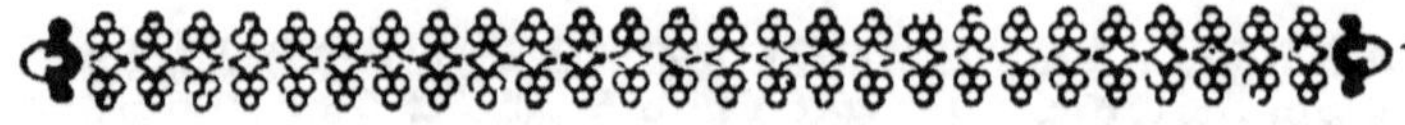

TABLE DES CHAPITRES

CONTENUS DANS LE VOLUME.

FIN DE LA TABLE.

LIMOGES ET ISLE,
Imp. Martial Ardant frères.

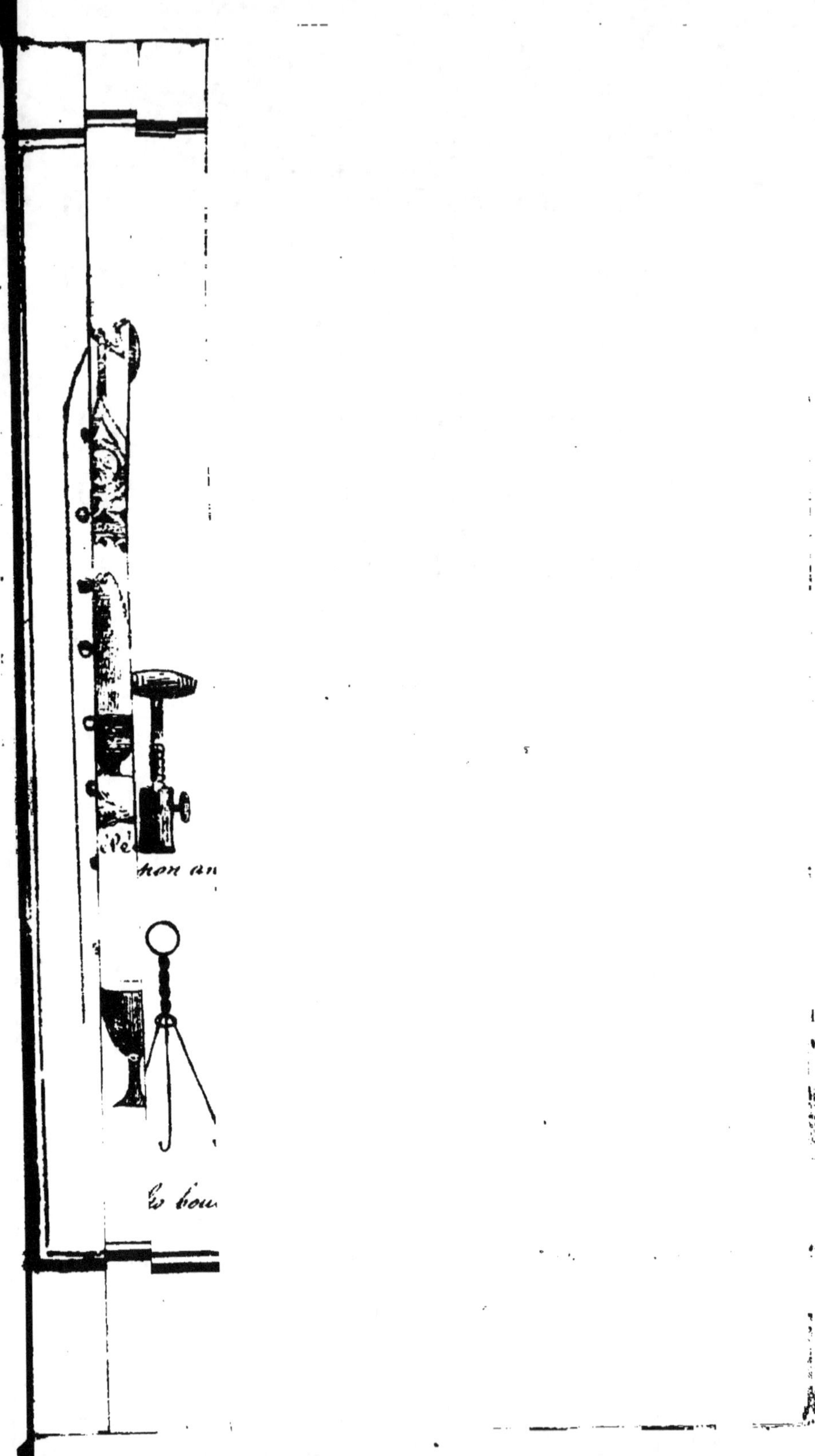

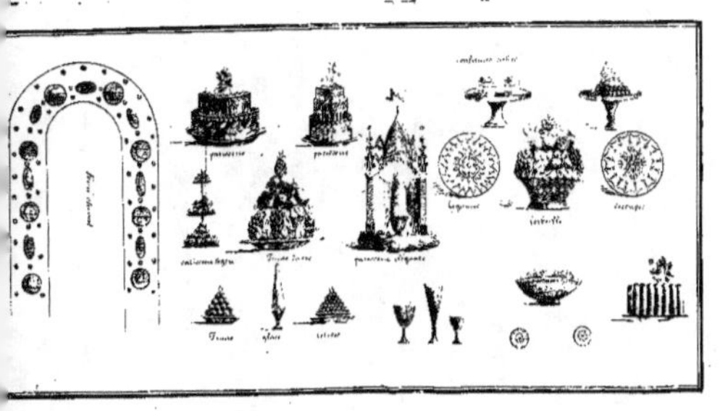

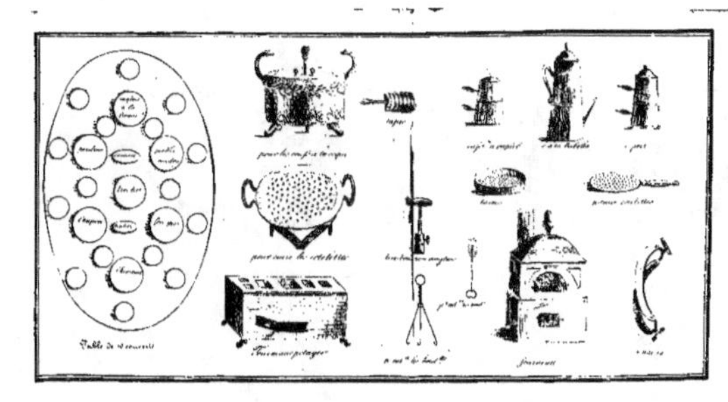